Corrie ten Boom

Freu dich – das Beste kommt noch

Anstöße zum Leben mit Jesus in der Endzeit

R. Brockhaus Verlag Wuppertal

R. Brockhaus Taschenbuch Bd. 305

Diese Texte erschienen als Linienbücher

2. Auflage 1983

Umschlagfoto: Carsten Buschke, Solingen
Gesamtherstellung: Breklumer Druckerei Manfred Siegel

ISBN 3-417-20305-8

Inhalt

I. Über Führung und Nachfolge

Wer Führung durch den Herrn sucht, muß mit allen anderen Formen der Führung brechen.

Göttliche Führung wird allen Kindern Gottes zuteil, die darum bitten, die sich ihm, dem Führer, unterordnen und sich weigern, ihren eigenen menschlichen Wünschen Folge zu leisten.

Wir sind Gesandte

Jesus hat gesagt: »Gleichwie mich der Vater gesandt hat, so sende ich euch!«

Wir sind gesandt von derselben Person.
Wir sind gesandt mit derselben Kraft.
Wir sind gesandt zu demselben Ziel.
Wir sind gesandt zu demselben Zweck – wie Jesus.

Anhaltender Gehorsam ist die einzige Bedingung.
Zögernder Gehorsam ist Ungehorsam.

Auf einer Missionskonferenz las ich auf einer Tafel:
»Hast du die Erlaubnis des Meisters, zu Hause zu bleiben?«

Ein Gebet des Thomas a Kempis

Herr, verleihe mir zu wissen, was ich wissen, zu lieben, was ich lieben soll;
laß mich das loben, was dir am meisten gefällt; das schätzen, was in deinen Augen kostbar erscheint; das tadeln, was vor dir verächtlich ist.
Laß mich nicht nach dem äußeren Schein urteilen, noch nach dem Hörensagen unerfahrener Leute; sondern laß mich vielmehr sinnliche und geistliche Dinge nach der Wahrheit beurteilen und vor allem das Wohlgefallen deines Willens immerdar erforschen.

Der Wille Gottes ist entweder eine Last, die wir tragen können, oder eine Macht, die uns trägt.

Wenn Gott dich ruft, dann schau nicht zurück, frag nicht, wer außer dir folgt.

Kanäle

Ein Mann aus Laos, der jahrelang rauschgiftsüchtig gewesen war, sagte zu einem Missionar: »Es gibt nicht viele Christen in Ihrem Land, nicht wahr?«

»Nicht viele Christen?« wiederholte der überraschte Missionar, »ich will Ihnen mal etwas sagen: Es gibt mehr Pastoren in Holland als Christen in Laos.«

»Ist das wahr? Warum sind Sie dann der einzige, der gekommen ist, uns von Jesus zu sagen? Warum schickt Ihre Kirche nicht mehr Missionare?«

Der Kirche fehlen nicht große Gelehrte und große Geister; ihr fehlen Männer und Frauen, die Kanäle der Allmacht Gottes sein können und wollen. Es fehlt ihr das, was von Pfingsten wiederholbar und erreichbar ist (Shoemaker).

Der Scheck und Gottes Verheißung

Die Amerikaner sind höfliche Leute, aber einige sagten es ganz offen: Ich hätte in Holland bleiben sollen. Offensichtlich war kein Mensch an einer holländischen Junggesellin mittleren Alters, die zum Predigen gekommen war, auch nur im geringsten interessiert, und die Leute begannen häufiger zu fragen: »Warum sind Sie überhaupt gekommen?«

»Gott wollte es so haben. Ich habe ihm gehorcht. Das ist alles.«

»Das ist Unsinn«, antworteten sie. »Unmittelbare Führung von Gott – so etwas gibt es überhaupt nicht. Die Erfahrung lehrt, daß wir unseren Verstand gebrauchen sollen. Wenn Sie hier sind und kein Geld haben, dann ist das Ihr Fehler und nicht Gottes Fehler.«

Ich versuchte Gott zu verteidigen: »Aber Gottes Führung ist immer wichtiger als der gesunde Menschenverstand. Ich bin sicher, daß er mich beauftragt hat, hier zu predigen. Ich kann beweisen, daß die tiefste Dunkelheit nicht dunkel genug ist, als daß das Licht Jesu sie nicht hell machen könnte.«

»Wir haben Pfarrer genug, die uns so etwas sagen«, war die Antwort.

»Gewiß, aber ich habe das in einem Konzentrationslager erfahren und kann bezeugen, daß das, was solche Pfarrer sagen, wahr ist.«

»Ach was. Es wäre besser gewesen, Sie wären in Holland geblieben. Wir brauchen nicht noch mehr Prediger. Zu viele Europäer kommen nach Amerika. Man sollte ihnen die Einreise verbieten.«

Ich wurde immer mutloser. Vielleicht hatten die Amerikaner doch recht. Vielleicht sollte ich nach Holland zurückgehen und wieder als Uhrmacher arbeiten. Mein Geld war ausgegangen, und alles, was mir geblieben war, war ein Scheck, den mir ein amerikanischer Geschäftsmann gegeben hatte. Doch ich hatte Hemmungen, ihn ohne Rücksprache einzulösen. Ich fand die Adresse des Amerikaners und ihn selbst in einem imponierenden Bürohaus in Manhattan. Nur – diesmal war sein Gesicht nicht so freundlich wie in Holland, wo er ihn mir ausgehändigt hatte – diesen Scheck und einen schon eingelösten über einen geringeren Betrag.

»Würden Sie damit einverstanden sein, wenn ich Ihren zweiten Scheck einlöste?« fragte ich ihn.

»Was denken Sie über die Rückzahlung des Geldes?« fragte er. »Sie sind nun seit fünf Wochen in Amerika und haben noch keine Arbeit gefunden. Ich denke, es wäre besser, Sie gäben mir den Scheck einfach zurück.«

Ich nahm all meinen Mut zusammen und sagte: »Ich bin sicher, daß Gott hier Arbeit für mich hat. Es war sein Wille, daß ich kam, und irgendwann werde ich Ihr ganzes Geld zurückgeben können.«

Er holte tief Atem, nahm den Scheck an sich und schrieb einen neuen über einen sehr viel kleineren Betrag.

Es war aufregend und demütigend für mich. In Holland hatte ich Geld: etwas Honorar von meinem ersten Buch und ein kleines Einkommen aus dem Verkauf des Geschäftes. Aber ich konnte nichts davon nach Amerika überweisen lassen. So ging ich zurück zu meiner Gastgeberin, schloß hinter mir die Tür und verbrachte eine lange Zeit im Gespräch mit meinem himmlischen Vater.

Ich kniete neben meinem Bett und sagte: »Vater, du mußt mir hier heraushelfen. Wenn ich jetzt Geld leihen muß, um nach Holland zurückzukehren, werden die Leute sagen: ›Du siehst es ja selbst, man kann die Verheißungen der Bibel nicht so wörtlich nehmen. Es gibt keine direkte Führung.‹ Um deiner Ehre willen mußt du mir helfen, Vater.«

Ich warf mich auf das Bett und weinte. Dann, langsam wie eine tiefe Vergegenwärtigung, wenn sie das Herz eines Menschen zu erfüllen beginnt, kam die Antwort: »Du brauchst dich nicht um meine Ehre zu sorgen. Das ist meine Sache. Später wirst du für die Erfahrung dieser Tage in New York einmal dankbar sein.«

Von meinem Heimatland trennte mich der große Ozean. Ich hatte kein Geld. Niemand wollte mich hören. Alles, was ich hatte, war die Zusicherung Gottes, daß er mich führte. War das genug?

Alles, was ich tun konnte, war: weitergehen – weiter – weiter –, um seines Namens willen.

Bevor ich mich zum Schlaf niederlegte, öffnete ich meine Bibel, meinen ständigen Begleiter. Meine Augen fielen auf einen Vers aus den Psalmen: »Der Herr freut sich über die, die auf seine Güte hoffen.«

Ein spinnwebfeines Kabel verband mich in meinem kleinen Raum in der 190. Straße von New York jetzt mit dem Himmel. Ich hielt mich mit aller Kraft daran fest und schlief ein.

Am nächsten Tag ging ich zu einem holländischen Gottesdienst in einer New Yorker Kirche. Dr. Baky Wolf predigte. Viele Holländer waren gekommen und trafen sich danach zu einer Tasse Kaffee in der Sakristei. Dort wurde mir der Pastor Burggraaff vorgestellt, der unsere in Kanada geborene Prinzessin getauft hatte.

»Ten Boom«, lächelte er, als er meinen Namen hörte. »Ich erzähle oft die Geschichte einer Krankenschwester dieses Namens. Sie erlebte im Konzentrationslager ein Wunder mit einer Vitaminflasche, die nicht leer wurde. Ich erzähle das immer, um zu beweisen, daß Gott auch heute noch Wunder tut. Kennen Sie etwa diese Krankenschwester? Ist die mit Ihnen verwandt?«

Mein Herz tat einen Sprung.

»Sie ist keine Krankenschwester«, antwortete ich. »Sie ist Uhrmacherin, und sie steht hier vor Ihnen. 1944 erlebte ich das.«

»Dann müssen Sie unbedingt mit mir nach Staten Island kommen und Ihre Geschichte meiner Gemeinde erzählen«, erklärte er.

Ich verbrachte die nächsten fünf Tage mit Pastor Burggraaff und seiner Frau und genoß wieder einmal gutes holländisches Essen. Ich war schon gespannt gewesen, wie lange man es mit Nedicks Zehn-Cent-Frühstück aushält: einer Tasse Kaffee, einem Berliner Ballen und einem kleinen Glas Orangensaft, eilig an irgendeiner Ecke stehend gegessen. Jetzt versorgte mich Gott wieder. Nicht allein mit Essen, sondern auch mit neuer Hoffnung. Ich konnte es mit Händen greifen, daß der Herr an denen Freude hat, die auf seine Güte hoffen.

Eine Woche später fuhr ich nach Manhattan zurück. An einer Straße sah ich einen Anschlag an einer Kirchentür. Es war eine Einladung zum Abendmahl am nächsten Sonntagmorgen. Es war Ostern.

Ich ging hin. Der Pfarrer dort gab mir die Adresse von Irving Harris, dem Schriftleiter einer christlichen Zeitung, und ermutigte mich, zu dem Herrn hinzugehen.

Ich tat das denn auch. Ging in sein Büro und sagte zu ihm: »Ich bin sicher, daß ich den Weg gehe, auf dem Gott mich führt. Aber so viele wollen mir klarmachen, daß es so etwas wie direkte Führung nicht gibt.«

»Hören Sie nicht darauf«, riet Herr Harris. »In der Bibel stehen viele Verheißungen Gottes für die, die ihm gehorchen. Haben Sie jemals von einem guten Hirten gehört, der seine Schafe nicht führt?«

Nein. Heute bin ich 83 Jahre alt, und es gibt kein Jahr und keinen Tag in meinem Leben, keinen Weg und keine Entscheidung, die zu führen ER nicht bereit gewesen wäre.

Gott spricht zu uns durch sein Wort, die Bibel;
im Gespräch, das wir mit ihm haben, wenn wir beten und Stille Zeit halten;
durch andere Menschen und
durch Geschehnisse um uns.

Beten heißt: auf Wegweisung und Instruktionen hören, mit einem Herzen, das ihm zugewandt ist; es ist ein Gespräch zwischen Vater und Kind.

Der Feind hält es für äußerst wichtig, unser Gebetsleben durch Kleinglauben, Zeitmangel und Zweifel zu zerstören.

Es ist gut, zu wissen, daß Gebetslosigkeit für ein Kind Gottes eine Sünde ist; dann können wir diese nämlich bekennen und 1. Joh. 1, 7 u. 9 in Anspruch nehmen. Wie oft müssen wir beten (Ps. 51,14): »Gib, daß ich deines Heils mich wieder freue«, oder manchmal: »Gib, daß ich Deiner Gemeinschaft mich wieder freue.« Und er tut es! Gewiß wird er dieses Gebet erhören.

Gott hat uns in das Geheimnis Seines Plans eingeweiht: Er hat in Seinem höchsten Willen beschlossen, daß alle menschliche Geschichte in Jesus gipfeln und alles im Himmel und auf Erden seine Vollkommenheit und Erfüllung in Ihm finden soll. Und das ist das Überwältigende, daß Jesus alles, was ihm einmal gehören wird, mit uns zu teilen versprochen hat.

Dein Wort ist meines Fußes Leuchte und ein Licht auf meinem Wege.
Ich liebe dein Gesetz!
Du bist mein Schutz und mein Schild; ich hoffe auf dein Wort.
Darum liebe ich deine Gebote mehr als Gold und feines Gold.

Fürchte dich nicht davor, dein Ziel hoch zu stecken.

Wie lange wollt ihr so lässig sein, daß ihr nicht hingeht, das Land einzunehmen, das euch der Herr *gegeben* hat?

Epheser 1,9–11; Psalm 119,105. 113. 114. 127; Josua 18,3

Es ist keine Sünde, wenn etwas Schweres mißlingt, wohl aber, wenn wir es gar nicht erst probieren.

Glaube ist keine Garantie gegen Schwierigkeiten, aber er ist eine Garantie gegen Niederlagen. Wir können den Schwierigkeiten in der Kraft Gottes begegnen, und Er wird uns zeigen, wie wir sie überwinden werden.

Du wirst nie den Sieg bekommen, den Christus dir geben will, wenn du dich Ihm nicht ganz auslieferst. Und wenn du das willst, dann tue es jetzt.

Gib Ihm nicht die Person, die du sein möchtest, sondern die du bist.

Ich erkenne die Sünde nicht, bis ich sie im Licht von Golgatha sehe.

Nach dem Kriege sagte ich: »Ich will überall hingehen, aber nicht nach Deutschland.«

Plötzlich wurde mein Gebetsleben dunkel. Als ich Gott um Führung bat, gab er gar keine Antwort, und ich fragte ihn: »Bin ich vielleicht irgendwo ungehorsam gewesen?«

Die Antwort in meinem Herzen war unmißverständlich klar: »Deutschland.«

»Dann auch nach Deutschland, Vater«, sagte ich.

Und gleich war die Gemeinschaft mit Gott wiederhergestellt.

Gottes Hände sind weich, auch wo seine Wege rauh sind.

Nichts ist gering, wenn Gott darum bittet.

Hast du eine ganze Minute an dich selber gedacht, denke dann fünf Minuten an Jesus. Dann siehst du bald, wo du deinen Mitmenschen helfen könntest.

Drei christliche Frauen in Detroit kamen einmal zusammen und beteten für ihre Nachbarn und Freunde. »Was können wir tun, um die Frauen in Detroit für Jesus zu gewinnen?« fragten sie einander. Sie brachten die Sache im Gebet zum Herrn, und dann planten sie ein Wochenende für Frauen. Eine von ihnen hatte eine Gabe zum Reden, sie fanden noch eine zweite, und so war der Plan für ihre Versammlung schnell fertig.

Die amerikanischen Frauen besuchen einander per Telefon. Auf diese persönliche Weise haben sie ihre Bekannten eingeladen. Sie verbrachten Stunden am Telefon, aber das Wochenende hatte guten Erfolg. Etwa 70 Frauen kamen. Zusammen machten sie den Plan für ein zweites Treffen nach einem halben Jahr. Da kamen 200 Frauen. Zweimal jährlich kamen sie nun zusammen, und als ich auf der zehnten Versammlung sprach, waren es 1 500 Frauen, und 500 standen auf der Warteliste.

Der Herr tat Wunder. Viele vertrauten sich ihm zum ersten Mal als ihrem Heiland an. Viele lieferten ihr Leben völlig dem Herrn aus. Es herrschte eine erwartungsvolle Atmosphäre.

Eine der Frauen ging nach Hause, rief ihren Rechtsanwalt an und sagte: »Ich widerrufe meinen Antrag auf Scheidung. Ich sehe, daß es meine Sünden waren, die unsere Ehe kaputt machten.«

Eine Frau wollte kommen. Aber ihr Töchterchen Linda mußte gerade an unserem Wochenende ins Krankenhaus, sie sollte am Herzen operiert werden. Aber dann bekam Lindas kleine Schwester Grippe, und der Arzt wollte lieber mit der Operation warten, bis alle Kinder gesund waren. Eine Grippeinfektion hätte zu Komplikationen führen können. So konnte die Mutter doch kommen, sie hatte guten Ersatz gefunden. Der Herr sprach während dieser Tage deutlich zu ihr; sie bekehrte sich und ging mit großer Freude nach Hause. Sie wußte, daß Jesus in ihrem Herzen war (Offb. 3,20). Zu Hause hatte sie eine weitere große Freude: Sie konnte ihr krankes Töchterchen zu dem Herrn bringen. Und in der letzten Stunde vor unserer Abfahrt von Detroit kam Linda mit einem anderen kleinen Mädchen und bat: »Willst du bitte mit Jany sprechen?«

»Soll ich ihr von Jesus erzählen?«

»Ja, deshalb sind wir gekommen.«

Auch Jany öffnete ihr Herz für den Herrn Jesus, und die zwei versprachen mir: »Jetzt wollen wir zusammen für ein drittes Mädchen beten. Und wenn sie ›Ja‹ gesagt hat, dann beten wir drei für ein viertes . . .«

Eine Kettenreaktion in den Herzen von zwei kleinen Mädchen.

Und alles ging aus von drei Frauen, die miteinander beteten und für ihre Nachbarn und Freunde etwas tun wollten.

Trage gern anderer Lasten. Christus ist der große Lastenträger der Welt. Folge ihm darin nach. An Gelegenheit wird es dir nicht fehlen.

Eva von Thiele Winkler

Tu, was der Heilige Geist dir sagt; es ist besser, zehntausend Freunde zu beleidigen, als den Heiligen Geist zu betrüben.

Wenn ein Mohammedaner sagt: »Ich habe Sie nun viermal gehört. Jedesmal wurde meine Liebe zu Jesus größer, jetzt will ich ihn annehmen als meinen Erlöser«, oder wenn ein Hindu niederkniet und zum Herrn sagt: »Ich gebe meinen Karma-Glauben hin; Herr Jesus, nur Du!«, dann vergesse ich auch die langen, schmutzigen Reisen im Auto, nach denen wir unsere Handtaschen immer von innen und außen vom roten Staub reinigen müssen, und nach denen man selber noch tagelang das Gefühl hat, als sei man immer noch schmutzig. Wie ist die Arbeit doch alle Mühe wert! Selten habe ich gesehen, daß so viele Christen, auch Namenchristen, zur völligen Hingabe gekommen sind, und so viele Sünder ihre Sündenlast zu Jesus gebracht haben und aus der Finsternis ins Licht kamen, wie in letzter Zeit.

Kein Mensch kann wissen, was du meinst, wenn du sagst, daß Gott Liebe ist, wenn du es nicht auslebst.

Manchmal werde ich gefragt:
»Wie spricht Gott eigentlich zu dir?«

Manchmal spricht Gott durch eine Gewißheit im Herzen, ohne Worte. Ich frage oft: »Sagst du ›ja‹ oder ›nein‹ Herr?« und sehe die Antwort geschrieben vor meinen Augen: »ja« oder »nein«. Es ist mir gleich, welche Form Gott wählt, um zu mir zu sprechen. Stell dir einmal vor, ich frage dich nach der Adresse eines gemeinsamen Freundes: Du weißt sie nicht auswendig, versprichst mir aber, sie mir zu geben. Es ist mir gleich, in welcher Form du mir die Adresse gibst: mit einem Brief oder über das Telefon oder indem du mich besuchst.

Ich bin nicht für die Art und Weise verantwortlich, in der Gott meine Fragen nach Führung beantwortet. Das liegt vollkommen in seiner Hand. Das einzige, was ich gewiß weiß, ist, daß Gott Licht ist und nicht Dunkelheit. Diejenigen, die ihm vertrauen, läßt er nicht in der Dunkelheit. Er ist wahrhaft ein guter Hirt.

Was die Bibel dazu sagt:

Psalm 25,9: Er leitet die Sanftmütigen im Recht und lehrt die Sanftmütigen seinen Weg.

Psalm 32,8: Ich will dich unterweisen und dir zeigen den Weg, den du gehen sollst, ich will dich beraten, mein Auge auf dich richten.

Psalm 73,24: Du leitest mich nach Deinem Ratschluß.

Jesaja 30,21: . . . und deine Ohren werden hinter dir den Zuruf vernehmen: dies ist der Weg, wandelt auf ihm! Jesaja 58,11a: . . . und der Herr wird dich allezeit leiten. Jeremia 33,3 . . . rufe mich an, so will ich dich erhören und dir große und unglaubliche Dinge kundtun, von denen du bisher nichts gewußt hast.

Johannes 16,13: Wenn aber jener gekommen ist, der Geist der Wahrheit, der wird euch in die volle Wahrheit einführen, denn er wird nicht von sich selbst aus reden, sondern was er hört, das wird er reden, und euch das Zukünftige verkünden.

Wenn er mit einer Entscheidung, die wir getroffen haben, nicht einverstanden ist, dann verschließt er entweder die Türen oder er läßt es zu, daß wir einen Fehltritt machen, damit wir selbst einsehen, daß wir die falsche Richtung eingeschlagen haben. Oft gibt er uns nicht sofort eine klare Antwort: Dann müssen wir lernen, auf ihn zu warten. Dieses Warten auf Gott ist selbst schon ein Segen. Es ist ein vertrauendes und freudiges Wissen: Die Antwort wird kommen, und zwar zu der Zeit, die unser Vater, der uns so lieb hat, für richtig hält. Wie oft spricht Gott durch das Losungsbuch. Gott benutzt das tägliche Bibellesen, um uns den Weg zu zeigen.

Die Gemeinschaft mit anderen Christen wird oft von Gott benutzt. »Wo zwei oder drei zusammen sind in meinem Namen, da bin ich mitten unter ihnen«, sagt Jesus (Matth. 18,20). Oft, wenn ich wichtige Entscheidungen zu treffen habe, bete und spreche ich mit Freunden, die Gott mir gegeben hat, über die Pläne.

Einmal ging ein Christ aus der Walamo-Provinz zu einem Zauberer, um ihm das Evangelium zu bringen. Der Zauberer rief die Polizei, die den Mann auspeitschte. Dann wurde er über die Grenze ausgewiesen. Als nach drei Wochen die Wunden geheilt waren, ging der Christ zurück. Man empfing ihn mit offenen Armen. Der Zauberer war gestorben, und die Leute sagten: »Jetzt sind wir bereit zu hören.«

Deine Leistungsfähigkeit wächst in dem Maße, wie du mit dem Herrn weitergehst.

Je mehr du den Willen Gottes tust, desto besser wirst du den Willen Gottes erkennen.

Gott rechnet anders

In Südwestafrika sind die Entfernungen oft so groß! Als ich in einem Auto saß und viele Stunden durch die Wüste fuhr, fragte ich mich, was wir in dieser Wildnis überhaupt sollten. Staubwolken umgaben uns, es war unerträglich heiß, und der Sand begann eine juckende Kruste auf der Haut zu bilden. Zuletzt erreichten wir unseren Bestimmungsort: Eine kleine Gruppe von Missionsschwestern der Rheinischen Mission erwartete uns. Ich kam mir vor wie Philippus, der eine Erweckung in Samaria verlassen hatte, um an die einsame Straße von Jerusalem nach Gaza zu gehen, »welche wüst ist«, damit Gott ihn zur Bekehrung eines farbigen Menschen gebrauchen konnte (Apostelgeschichte 8,26f). Gott rechnet anders als wir. Was für ein Segen war Philippus für die Menschen, denen der Kämmerer die Botschaft überbrachte! Im Himmel werden wir sehen, wie Gott uns für die einsamen Arbeiter in Gottes Königreich in Südwestafrika gebrauchte, wo so selten ein Evangelist oder ein Erweckungsprediger oder ein Seelsorger hinkommt. Und was sind die Schwestern für Helden! Manchmal leben sie ganz allein unter den Hottentotten, unter Menschen, die durch Trunksucht, Unzucht und Zauberei in großer Dunkelheit gehalten werden. Dort sah ich auch, wie Gott in den Herzen dieser Schwestern wirkte. Verschiedene kamen zur völligen Hingabe ihrer Hemmungen und Begrenzungen, und mit Freude empfingen sie eine neue Sicht für das alte Buch mit seinen 17000 Verheißungen. Dies alles war die Mühe und das Reisen auf heißen, staubigen Wegen wert!

Der Rollstuhl

Eine Woche vor dem Abflug nach Amerika sagte ich zu Ellen: »Die meisten Flughäfen haben zu lange Gänge, der Weg von einem Abflugplatz bis zum anderen wird mir fast zu anstrengend. Was sollen wir nur tun?«

»Du denkst nicht gerne an einen Rollstuhl?« fragte Ellen.

Sie wußte, daß ich nicht gerne daran dachte. Aber dann schilderte sie mir, was für ein Segen solch ein Rollstuhl sein kann, und da änderte ich meine Meinung und stimmte ihr zu. So wurde der Rollstuhl tatsächlich ein Segen, nicht nur für mich, sondern auch für jene, die mir halfen.

In Anchorage in Alaska schob ein junger Mann den Rollstuhl und stellte dabei einige Fragen. Das war eine sehr gute Gelegenheit, ihm das Evangelium zu bringen. Ich sagte ihm, was der Herr für mich bedeutet und was das heißt, von neuem geboren zu sein. Als ich im Flugzeug meinen Haltegurt festmachte; sagte er: »Zum ersten Mal in meinem Leben erkenne ich, daß ich ein Sünder bin.«

»In Ordnung«, antwortete ich. »Jesus kam für Sünder in die Welt. Er kam für Sie.«

In den Vereinigten Staaten, irgendwo auf einem Flughafen, schob mich eine Stewardess. Nach einer kurzen Unterhaltung wußte ich, daß sie Christin war, und ich fragte: »Liest du in der Bibel?«

»Ich habe keine Zeit«, antwortete sie. »Ich bin so beschäftigt, aber soll ich ihnen sagen, wie ich es mache? Anstatt in der Bibel zu lesen, höre ich jeden Morgen einen Abschnitt von einem Tonband. Das ist immer ein gutes geistliches Frühstück, und im Verlauf des Tages erinnere ich mich an die Worte Gottes, die er zu mir durch das Tonband gesprochen hat.« Das war eine gute Idee. Gehört habe ich davon, weil diese Frau – meinen Rollstuhl schob! Inzwischen kann ich fröhlich für den Rollstuhl danken. Ellen hat recht, er ist ein Segen.

Leiden sind Gottes dorniger, aber gesegneter Weg zu herrlichem Sieg.

Ich bin sicher, daß machtlose Christen Gott mehr bekümmern als mächtige Atheisten.

Sei niemals ängstlich, dein Bestes zu geben. Gott wird dir sein Besseres geben.

»Und er sagte zu ihnen: Gehet hin in alle Welt und predigt das Evangelium der ganzen Schöpfung.«
(Markus 16,15)

Hab' guten Mut!

Viele unserer Freunde denken, daß wir bei unserer Arbeit immer Erfolg haben. Diesmal will ich etwas erzählen, wo ich keinen Erfolg hatte. Als wir in Lweza wohnten, fing ich eine Bibelarbeit mit Mädchen in Kampala an. Es ging nicht so gut. Eine nach der andern blieb aus, und ich muß sagen, daß ich den Mut verlor. Dann las ich in einem Briefkursus der Emmaus-Bibelschule die Frage: »Ist dieser Ausdruck falsch oder richtig? ›Ei, du frommer und erfolgreicher Knecht, geh ein zu deines Herrn Freude‹. Matth. 25,23.«

Nein, er war falsch. Es heißt: »Ei du frommer und *getreuer* Knecht.«

Gott fragt nicht nach unserm Erfolg, sondern nach unserer Treue.

Conny van Hoogstraten

Gott legt uns nicht eine Last auf, um unseren Rücken zu decken, sondern um unsere Knie zu beugen.

Du kannst gehen, ohne zu lieben, aber du kannst nicht lieben, ohne zu gehen!

Jeder Mensch hat seine drei G: *G*aben, *G*renzen und *G*efahren.

Jedem Menschen gegenüber müssen wir uns vor drei *N* hüten: vor der *N*egation, der *N*achahmung und dem *N*eid.

Jeder Mensch bedarf des Getragenwerdens, denn jeder wirft einen Schlagschatten auf seine Umgebung.

Deshalb müssen wir brutto zueinander ja sagen, nicht nur netto. In der Gemeinde Jesu geht es nicht um Sympathie und Antipathie, sondern um das ehrerbietige liebende Ja zueinander. Wir bejahen den andern nicht um seines Soseins, sondern um seines Daseins willen.

Eine chemisch reine Darstellung des Christentum gibt es in dieser Welt nicht.

Eine tausend Meilen weite Reise beginnt mit einem einzigen kleinen Schritt.

Wer hastig ist, braucht mehr Zeit.

Die Ruhe im Herrn hängt nicht von unseren äußeren Umständen ab, sondern von unserer Gemeinschaft mit Gott selbst.

Die Welt liest nicht die Bibel, sie liest aber dich und mich. Sieht sie dich wachsen wie Petrus, glänzen wie Stephanus, arbeiten wie Paulus?

Gott führt auch in der Tiefe

Es ist nicht die Rebe, es ist der Weinstock, der die Arbeit tut. Das ist eine alte Wahrheit, die ich schon lange wußte; aber jetzt im Krankenhaus wurde sie mir ganz neu.

Als ich durch das Operationszimmer ging, sang mein Herz: »Sicher in Jesu Armen.« Das machte mich ruhig und entspannt, und ich staunte auch über diese alte Wahrheit.

Man ist an die Wunder von der Erlösung durch Jesus und sein Mit-uns-sein gewöhnt. Aber jetzt fragte ich mich: Er in mir und ich in ihm – wie ist das möglich? Ich, ein kleines menschliches Nichts, in ihm, dem Schöpfer von Himmel und Erde! Jesus, der Sohn Gottes, ist mit mir!

Ein Freund schrieb mir einen Brief ins Krankenhaus und zitierte Habakuk 3,17–19: »Denn der Feigenbaum wird nicht grünen, und es wird kein Gewächs sein an den Weinstöcken; die Arbeit am Ölbaum ist vergeblich, und die Äcker bringen keine Nahrung, und Schafe werden aus den Hürden gerissen, und in den Ställen werden keine Rinder sein. Aber ich will mich freuen des Herrn und fröhlich sein in Gott meinem Heil, denn der Herr ist meine Kraft, er wird meine Füße machen wie Hirschfüße und wird mich auf meine Höhen führen.«

Aber der Freund hatte diese Stelle meiner Situation angepaßt. Er schrieb: »Auch wenn alle Knochen in Deinem Arm durcheinanderliegen und keiner mehr an seinem richtigen Platz, wenn die Nerven durchgeschnitten sind und der Arm aus seiner Kugel gesprungen, wenn alle Muskeln verletzt wären und nach menschlichem Ermessen nicht mehr geflickt werden könnten – dennoch freue ich mich des Herrn und bin fröhlich in Gott meinem Heil und warte auf die Genesung durch ihn, denn der Herr ist meine Kraft, er wird meine Füße machen wie Hirschfüße und wird mich über die Höhe führen – nach Israel und Vietnam.«

Wird er mich wirklich dahin führen, wohin ich hatte gehen wollen, als ich mir die Knochen brach? War dann auch das Krankenhaus kein Umweg, sondern nur eine Station auf dem Wege? Ich lernte, daß Gott nie in Eile ist. Meine Zeit lag nun buchstäblich in seinen Händen. Da lag ich auf meinem Rücken, in meinem Terminkalender war als erstes ein Programm für Deutschland. Fast jeden Tag auf Wochen hinaus waren Versammlungen geplant. War es denn nicht wichtig, das Evangelium zu so vielen Tausenden zu bringen? War es dem Herrn gleich, daß ich nun keinen von ihnen erreichte?

Da hat mich der Herr getröstet. Gerade in jenen Monaten wurden sieben Bücher, die ich geschrieben hatte, herausgebracht: Übersetzungen in Finnisch, Deutsch, Englisch, Holländisch. Vorbereitet wurden Bücher in weiteren Sprachen. So ging die Botschaft, die der Herr mir gegeben hatte, weiter durch das gedruckte Wort und erreichte Tausende. Ich lernte das Gebet, das im Himmel am meisten geschätzt wird, beten:

»Dein Wille geschehe!«

Ich lernte noch etwas: Ich hatte Schmerzen und dachte an die Schmerzen, die Jesus für mich, für meine Sünden und für die Sünden der ganzen Welt gelitten hat. Ich dachte an seine Liebe für die Welt, an seine Liebe zu mir, und gewann neue Kraft. Und ich dachte daran, daß er den Weg zur Herrlichkeit durch Leiden ging.

Ist das nicht Führung? Wenn wir ihm auch durch Leiden folgen, wird er uns auch zur Herrlichkeit führen, wenn wir unser Kreuz hinter ihm hertragen.

Das ist der Weg zum Himmel.

Es gibt Leute, die, wenn ein Klavier transportiert werden soll, sich drücken, indem sie den Klavierstuhl tragen.

Es kann finster werden, aber wenn es in einem Tunnel finster wird, wirft man nicht die Fahrkarte weg und versucht aus dem Zug zu springen; man vertraut dem Zugführer.

Mit den Bausteinen, die wir fallen lassen, kann der Herr seine Kirche bauen.

Gott macht uns bereit, das Gewicht der Ehre zu tragen.

Wenn Menschen horchen, spricht Gott.
Wenn Menschen gehorchen, handelt Gott.

Wir müssen nicht um Aufgaben bitten,
die unseren Fähigkeiten entsprechen,
sondern um Fähigkeiten,
die unseren Aufgaben entsprechen.

Wir müssen bedenken, daß ein Drittel der gesamten Weltbevölkerung hinter dem Eisernen und dem Bambus-Vorhang lebt.
Das heißt, daß wir wenigstens
ein Drittel unserer Andacht
ein Drittel unseres Opfers
ein Drittel unseres Gebets und
ein Drittel unserer Missionsarbeit
diesen Ländern und ihren Menschen geben müssen.

Eines Abends, als Olga im Gefängnis Dias zeigte, fiel plötzlich der Strom aus. Nun saßen sie in völligem Dunkel. Einige der Schwerverbrecher fingen an, sich zu streiten und wurden handgreiflich. In einem solchen Falle ist es für Gefangene, die ihre Unschuld beweisen wollen, am ratsamsten, sich zu Boden zu werfen. Das ist die beste Rechtfertigung vor den Wächtern. Olga rief deshalb: »Legt euch alle hin!« Aber statt dessen rannten einige Gefangene zu ihr und legten ihre Hände auf Olgas Schultern. »Wir wollen dich verteidigen. Denn du bist in Gefahr.« Dann begann sie zu beten, und plötzlich ging das Licht wieder an.

Wie der Herr in einem bekehrten Bösewicht wirken kann! Früher hatten sie gemordet und geraubt, jetzt sorgten sie sich um die Sicherheit von »Mama Olga«, wie sie sie nennen, und fürchteten sich nicht vor eventuellen Beschuldigungen.

Völlige Übergabe gibt Gnade für Martyrium, weil sie die Fülle des Heiligen Geistes bedeutet.

Jesus sagt: »Meine Schafe hören meine Stimme.«

Wenn wir aus Gottes Wort leben, erfahren wir, daß seine Verheißungen wahr sind. Es ist stets so: wenn wir viel von Gott erwarten, dann tut er auch viel. Ein guter Hirt für seine Schafe.

Der Mensch, der Gott vertraut, aber mit inneren Vorbehalten, ist wie eine Meereswoge, vom Wind hin und hergetrieben. Ein solcher Mensch kann nicht erwarten, etwas von Gott zu empfangen; das Leben eines Menschen mit geteiltem Vertrauen offenbart überall Unbeständigkeit.

Wenn wir uns auf den heiligen Geist verlassen, gibt er uns Führung. Von unserer Seite ist eine wichtige Bedingung zu erfüllen: Gehorsam.

In Gottes Augen bedeuten wir weit mehr als die Arbeit, die wir für Ihn tun.

Es gibt keine Abkürzung zur Heiligkeit, keinen Umweg.

Wandelt euch um durch die Erneuerung des Sinnes, damit ihr zu prüfen vermöget, was der Wille Gottes ist: das Gute und Wohlgefällige und Vollkommene. (Römer 12,2)

Der beste Weg, das Leben eines anderen zu erreichen, ist, ihm so einfach wie möglich zu sagen: Ich war blind, nun kann ich sehen.

Mit einem lieben Bruder aus Ghana hatten wir eine gesegnete Zeit. Er erzählte uns, daß er einen Handel mit Gott gemacht habe. Wenn Gott es füge, daß er in England Theologie studieren könne, dann wolle er sein ganzes Leben in den Dienst des Herrn stellen.

Ich fragte ihn: »Falls Gott nicht tut, um was du ihn gebeten hast, willst du ihm dann nicht dienen?«

Er dachte einen Augenblick nach und sagte dann:

»Ja, was immer der Herr tut, wo immer er mich hinführt, ich gehöre ihm völlig und möchte mich von ihm gebrauchen lassen.«

Übergabe: Der Töpfer kann den Krug nicht formen, wenn nicht der ganze Ton in seine Hände gelegt wird.

Wenn dein Wille sich vom Willen Gottes unterscheidet, wie entscheidest du dich?

Wenn die Menschen Jesus nicht in der Bibel finden, ist es nicht deine Schuld. Wenn sie ihn aber nicht in deinem Leben finden, ist's deine Schuld. (Bodelschwingh)

Der Aufbruch

Wenn ein Mensch wirksam um Erweckung beten, daran glauben und dafür arbeiten will, müssen folgende Bedingungen erfüllt sein:

Er muß der Sünde absagen. Er darf es nicht so machen, wie ein Taschendieb in Amerika, der sagte: »Ich war ein guter Taschendieb, ich stahl jeden Monat etwa 50 Uhren. Jetzt bin ich bekehrt, jetzt stehle ich nur noch 2 oder 3 im Monat!«

Er muß mit reinen Motiven beten.

Er muß bereit sein, sich von Gott so, wie es Ihm gefällt, in der Erweckung gebrauchen zu lassen.

Er muß im Flehen beständig sein, bis er merkt, daß Gott hört und antwortet.

Er muß seine Fehler und Sünden demütig bekennen und, wenn es in seiner Macht steht, das, was er anderen angetan hat, wieder gutmachen.

Er muß von unversöhnlichem Geist frei sein.

Er muß bereit sein, Gott alle Ehre zu geben. Er darf nicht darauf warten, daß er für seine Gebete, seine persönliche Arbeit, seine Ansprache usw. geehrt wird.

Er muß bereit sein, das zu tun, was Christus unter ähnlichen Voraussetzungen getan hätte, und muß nach Versöhnung mit jedem, der vielleicht gegen ihn gesündigt hat, trachten.

Wer unter diesen Bedingungen um Erweckung betet, wird in seinem eigenen Herzen eine Erweckung bekommen, und dann, wenn bei anderen auch die Bedingungen erfüllt sind, wird sie sich schnell ausbreiten, bis die ganze Gemeinschaft von dem Wirken des Geistes Gottes ergriffen ist.

Psalm 85,7.

Wir haben den Befehl, das Evangelium bis zu den Enden der Welt zu predigen.

Hesekiel 22,30: »Ich suchte unter ihnen, ob jemand sich zur Mauer machte und wider den Riß stünde vor mir für das Land, daß ich's nicht verderbte; aber ich fand keinen.«

Die Probe darauf, ob unser »Ich« dahingegeben ist oder nicht, ist unsere Reaktion auf das, was mit uns geschieht. Viele Leute sind korrekt in ihren Handlungen, aber nicht in ihren Reaktionen.

Baue keine Treppe von guten Werken, um den Himmel zu erreichen. Der Himmel ist weit weg von »guten Leuten« und nur einen Schritt weg von einem Sünder.

Das englische Wort für Haushalterschaft – »Stewardship« – versteht das Leben als ein großes Schiff, das mit reicher Ladung unterwegs ist. Die ist für viele Leute an vielen Plätzen bestimmt. Eigentümer des Schiffes ist Gott, und ich bin sein Kapitän.

Und du? Siehst du dich als Eigentümer oder als Kapitän des beladenen Schiffes? Lieferst du die Güter aus?

Der Herr gibt mir immer die Gnade, für den heutigen Tag zu leben; nicht in der Zukunft oder in der Vergangenheit soll ich leben, sondern heute! Heute mit IHM!

Glaube und Gehorsam werden Berge bewegen, Berge des Bösen und Berge von Schwierigkeiten. Aber Glaube und Gehorsam müssen Hand in Hand gehen.

Gib dem Herrn nicht die Person, die du zu sein wünschst, sondern die Person, die du bist.

Keine Abkürzung, wenn Gott einen Umweg zeigt!

Freund, wenn du nicht weißt, was du tun sollst, dann bleibe dort, wo du bist, bis du es erkennst. Ich bin davon überzeugt, daß Gott eine sehr wichtige Arbeit für dich hat, gerade an dem Platz, an dem du stehst. Sieh es einmal so und tu diese Arbeit mit Eifer, bis der Herr dir den nächsten Weg klar zeigt. B. C. Hostetter

Petrus sagte: »Nein, mein Herr«, aber wir können nicht »Nein« sagen, wenn wir »mein Herr« sagen, und wir können nicht »mein Herr« sagen, wenn wir »Nein« sagen.

So fand mich Gott

Franz von Assisi wurde einmal in seinem Alter gefragt, wie es möglich war, daß er soviel für Gott tun konnte. Seine Antwort war: »Folgendes muß der Grund gewesen sein, weshalb Gott meine Bemühungen gesegnet hat: Gott sah vom Himmel herab und sprach: ›Wo kann ich den schwächsten, den geringsten, den armseligsten Mann auf dieser Erde finden?‹ Dann sah er mich und sprach: ›Ich habe ihn gefunden. Ich will durch ihn wirken, denn er wird sich sicherlich nichts darauf einbilden und meine Ehre für sich selbst in Anspruch nehmen. Er wird wissen, daß ich ihn immer gerade seiner Niedrigkeit und seiner Unbedeutsamkeit wegen benutzte.‹«

1. Kor. 1,27.29: »Was die Welt als töricht ansieht, das hat Gott erwählt, um die Weisen zu beschämen; und was der Welt als schwach gilt, das hat Gott erwählt, um das Starke zu beschämen; und was der Welt nichts gilt, um das, was ihr etwas gilt, zunichte zu machen: es soll sich eben kein Mensch vor Gott rühmen können.«

Bist du in der Armee der Überwinder?

Gott bildet eine Armee von Überwindern aus. Du könntest dazu gehören.

Und dies ist der Ausbildungsweg: Werdet voll des Heiligen Geistes. Dessen Frucht ist alles, was wir brauchen, um eine starke siegende Mannschaft in der Armee unseres Königs der Könige, Jesus Christus, zu sein.

Die Frucht, die der Heilige Geist wirkt, ist: Liebe, Freude, Friede, Geduld, Freundlichkeit, Güte, Treue, Sanftmut, Selbstbeherrschung.

Die Ausbildung hat schon angefangen.

Der Ort der Ausbildung, des Trainings, ist dein Haus, deine Schule, deine Küche, dein Büro, oder wohin auch der Herr dich gerufen hat.

Wie war es heute? Hast du dem Kollegen, der sich immer so ärgerlich benimmt, eine scharfe Antwort gegeben? Dann bist du ein wenig schwächer für den Endkampf.

Galater 5,22

Deine Talente

Was machst du mit den Talenten, die Gott dir gegeben hat?

Eine Frau, die den Herrn liebte und eine schöne Stimme hatte, wohnte an einem Ort, wo es keine Kirche gab.

Sie fing an, Choräle zu singen, und ließ dabei ihre Fenster weit offen. Viele blieben stehen und hörten zu. Nachdem sie das einige Male getan hatte, lud sie die Leute ein, hereinzukommen. Das war der Anfang einer Kirche, die jetzt ihre eigenen Pfarrer und viele lebendige Glieder hat.

Ein französischer Kommunist sagte vor einigen Jahren: »Wir werden euch Christen eines Tages schlagen. Von unseren Gehältern und unserem Einkommen behalten wir nur soviel, wie eben nötig ist, und den Rest geben wir für Propagandazwecke. Für unsere Propaganda opfern wir unsere ganze Freizeit und einen Teil unserer Ferien. Ihr aber gebt nur einen kleinen Teil eurer Zeit und kaum einen Pfennig für die Ausbreitung des Evangeliums von Jesus Christus. Wie kannst du an den Wert des Evangeliums glauben, wenn du es nicht praktizierst und es verbreitest und weder Zeit noch Geld dafür opferst. Glaub mir, wir sind es, die gewinnen werden, denn wir glauben an die Botschaft des Kommunismus, und wir sind bereit, alles zu opfern, selbst unser Leben, damit die Sache den Sieg davonträgt. Aber ihr Christen fürchtet euch, eure Hände zu beschmutzen.«

Die Bibel erzählt uns eine andere Geschichte: »Denn die Erde wird voll werden von der Erkenntnis der Ehre des Herrn – wie Wasser das Meer bedeckt.«

»Wer ist der, der die Welt überwindet, wenn nicht der, der da glaubt, daß Jesus Gottes Sohn ist?«

»In der Welt habt ihr Angst, aber seid getrost, ich (Jesus) habe die Welt überwunden.«

Es lohnt sich, alles dem König der Könige zu opfern, vor dem alle Knie sich beugen werden. Tust du dein Äußerstes, die Tage bis zu seinem Kommen zu verkürzen? – durch dein Zeugnis, dein Gebet, dein Geld?

Lasset uns die Zeit auskaufen, denn es ist böse Zeit.

Habakuk 2,14; 1. Johannes 5,5; Johannes 16,33

Das Fahrgeld

Als ich ein kleines Mädchen war, sagte ich zu meinem Vater: »Papa, ich habe Angst, ich werde nie stark genug sein, um ein Märtyrer zu werden.«

Da fragte mich der Vater:

»Sag mal, wann gebe ich dir das Fahrgeld, wenn du eine Reise machst? Drei Wochen früher?«

»Nein, Papa, an dem Tag, an dem ich verreise!«

»Genau. Und siehst du, deshalb gibt dir dein himmlischer Vater nicht heute die Kraft, Verfolgung zu ertragen, wenn dich niemand verfolgt und du diese Kraft gar nicht brauchst. In dem Augenblick, wo du für Jesus leiden mußt, wird er dir die nötige Kraft geben. Im Augenblick brauchst du sie nicht.«

Ich war getröstet und spielte wieder mit meinen Puppen.

Später gab mir der Herr die Fahrkarte: Als ich leiden mußte, strömte die Kraft. Nicht früher, nicht später. Er gab sie zur rechten Zeit.

Werdet voll Geistes!

Bekenne deine Sünden. Mache reinen Tisch mit deiner Vergangenheit und deinem Heute. Jesus ist treu und gerecht, dir zu vergeben, und er macht dich rein mit seinem Blut.

Dann völlige Hingabe!

Du kannst es nicht, aber er kann es!

Lege deine schwache Hand in seine starke Hand.

Gib das Steuerrad deines Lebens mit allen Sorgen und Freuden in die Hand des guten, liebenden Fahrers.

Jesus war Sieger,
Jesus ist Sieger,
Jesus wird Sieger sein und – er kommt bald.

Wir sind berufen, Christi Gesandte zu sein, seine Missionare, das Licht der Welt in einer Zeit des Chaos und großer Finsternis.

Für das christliche Leben ist ein Beispiel mehr wert als tausend Argumente; ein Leben besser als hundert Briefe; eine Demonstration wirkungsvoller als zehn Diskussionen.

Glaube ist nicht blinde Annahme. Glaube ist Vertrauen mit Sicht.

Mit der Bibel ist es wie mit der Sparkasse – sie sind am nützlichsten, wenn sie offen sind.

Unsere Umgebung ist oft nichts anderes als Gottes Antwort auf unsere Gebete.

Wir bitten um Geduld, und daraufhin schickt Gott uns jemanden, der uns bis an die Grenze unserer Kraft beansprucht, denn »Trübsal wirkt Geduld« (Römer 5,3).

Wir bitten um Selbstlosigkeit, und Gott gibt uns Gelegenheit, unser Selbst loszuwerden, indem wir »das der andern suchen« (1. Korinther 10,24).

Wir bitten um Sieg, und die Dinge der Welt ziehen uns in einen Strudel der Versuchung, denn »das ist der Sieg, der die Welt überwunden hat: unser Glaube« (1. Johannesbrief 5,4).

Wir bitten um eine engere Verbindung mit Jesus; und dann löst Gott natürliche Verbindungen, denn es ist so, daß unsere besten Freunde uns mißverstehen, oder daß wir ihnen gleichgültig werden. Wir möchten treuere Nachfolger werden, und nun löst uns Jesus aus Heimat und Verwandtschaft heraus, denn er selbst hat gesagt: »Wer nicht allem entsagt, was er hat, der kann nicht mein Jünger sein« (Lukas 14,33).

Wir bitten um Ruhe, und plötzlich ist alles in uns und um uns aufgewühlt, damit wir es erfahren: »Wenn er Ruhe schafft – wer will beunruhigen?« (Hiob 34,29).

Wenn wir etwas nicht verstehen:
Zieh den Hut ab und geh weiter! (Luther)

Wir stehen nicht allein. Wir haben die Verheißung von Apg. 1,12. Durch die Kraft des heiligen Geistes können wir gebraucht werden, Jesus zu verherrlichen. Und Jesus ist die Tür. Die Tür zu dem siegreichen Leben. Auch für dich. Hast du heute deine Hand in Seine Hand gelegt? Tu es immer wieder! Er liebt dich. Er will dich führen. Schau auf Ihn!

Wer seinem Denken enge Grenzen setzt, wird selbst diese nicht erreichen. Wenn ich über meinen Dienst nachdenke, denke ich an die Welt. Weniger wäre Christus nicht angemessen, auch nicht seinem Plan für mein Leben. (Henrietta Mears)

In der Nachfolge Jesu geht keine Anstrengung verloren – deshalb geh weiter!

Suche Gemeinschaft mit anderen Kindern Gottes. Ein Wolf tut keinem Schaf etwas, das mitten in der Herde ist.

Unsere Zukunft ist für Gott Geschichte.

Der beste Takt des Seelengewinners ist der Kontakt.

II. Vom Leben in der Endzeit

»Wenn ihr aber von Kriegen und Empörungen hören werdet, so entsetzt euch nicht, denn dies alles *muß* zuvor geschehen« – dieses Muß ist ein Trost. Gott macht keine Fehler. Er ist der Herr und hat noch keinen Augenblick die Herrschaft aus der Hand gegeben.

». . . hütet euch aber, daß eure Herzen nicht beschwert werden mit Essen und Trinken und mit Sorgen um Nahrung, damit dieser Tag nicht schnell über euch komme wie ein Fallstrick.«

»So seid nun wach allezeit, und betet, daß ihr stark werden möget, um diesem allem zu entfliehen.«

Wir sind eigentlich die einzigen in der ganzen Welt, die die Zukunft kennen und die diese heutige Zeit verstehen können. Und weil diese Kenntnis bedrückend ist, tröstet uns der Herr gerade im Blick auf diese Tage: »Um der Auserwählten willen werden diese Tage verkürzt.«

»Kein Haar von eurem Haupt soll verlorengehen«
»Wenn ihr ausharrt, werdet ihr euer Leben gewinnen.«

Lukas 21,9.34.36; Matthäus 24,22; Lukas 21,18; Matthäus 24,13

»Die Zeit ist nahe. Wer Unrecht tut, der tue weiter Unrecht. Und wer unrein ist, der verunreinige sich weiter. Und der Gerechte übe weiter Gerechtigkeit. Und der Heilige heilige sich weiter.«

Auf der einen Seite tiefere Verstockung, auf der anderen Seite tiefere Reinigung.
Entweder – oder.
Alles wird auf die Spitze getrieben.
Der Atheismus gewinnt an Boden. Er wird immer aggressiver.
Das Königreich Gottes wirkt unentwegt weiter.
Christus oder Anti-Christ.
Doch niemand kann zwei Herren dienen.

Offenbarung 22,10.11; Apostelgeschichte 27,34; Matthäus 10,22

Ihr werdet mitjubeln!

Mein Vater war ein richtiger Beter. Nach jeder Mahlzeit brachte er unsere Tischgespräche vor den Herrn. Ich erinnere mich, daß er fast immer mit diesen Worten schloß: »Vater, laß bald die große Stunde kommen, in der Jesus Christus, Dein geliebter Sohn, auf den Wolken des Himmels kommt.«

Als kleines Kind habe ich mir oft vorgestellt, daß dieses Geschehen doch ganz freudevoll sein müßte, weil mein Vater mit solch einem Verlangen dafür betete. Und es ist auch tatsächlich ein herrliches Geschehen. Ich liebe Jesus, darum verlangt mich, IHN von Angesicht zu Angesicht zu sehen.

Und dann hat er doch gesagt: »Ich komme und mache alles neu«, so daß diese Welt bedeckt sein wird von der Erkenntnis des Herrn, wie das Wasser den Boden des Meeres bedeckt. Was wird das für eine Freude sein, auch für das verlangende Vaterherz Gottes!

So oft sagt man mir: »Ich kann mich auf das baldige Wiederkommen des Herrn nicht freuen, weil so viele noch nicht bekehrt sind.« Wir sehen aber, daß es schlimmer und schlimmer wird auf Erden. Der Unreine wird unreiner. Es gibt jetzt mehr Verlorene als gestern. Der Unglaube und die Gesetzlosigkeit nehmen auf der ganzen Erde zu, nicht nur außerhalb der Kirche, sondern auch in ihr.

Für die Kinder Gottes wird das Kommen Jesu das Ende alles Kampfes sein, weil unsere Heiligung dann vollendet sein wird.

»Ihr werdet mitjubeln, wenn seine Herrlichkeit offenbart wird.«

Offenbarung 21,5; 1. Petrus 4,14

Was ich im Hospital gelernt habe

Oft war mein Schmerz so stark, daß ich es fast nicht ertragen konnte. Dann fühlte ich mich sehr schwach, ich weinte. Da habe ich mich geschämt. In meinem Büchlein »Jesus ist Sieger« habe ich noch geschrieben, daß jeder Christ stark sein kann und sein muß. Wir sind doch im Training für den Endkampf! Der Heilige Geist gibt uns seine Frucht und die Gaben für alle Kraft, die wir brauchen. Ja, das hatte ich geschrieben. Und nun lag ich da auf dem Hospitalbett als ein schwaches Stück Niemand, ein Stückchen Elend. Ich versuchte und versuchte stark zu sein, bis ich ein Wort empfing von einer lieben jungen Freundin, die Oswald Chambers zitierte: »Du solltest nicht versuchen, auf den Höhen deines Zeugnisses zu leben, sondern nur bei Jesus bleiben.«

Da fiel eine Last von meinem Herzen. Ich wußte, daß ich es nicht konnte, aber Jesus konnte es. Eine Rebe, die mit dem Weinstock verbunden ist, kann viel Frucht bringen. Der Weinstock tut alles, um Nahrung aus dem Boden zu bringen und sie an die Reben weiterzugeben. Die Rebe braucht nur anzunehmen. Die Frucht wächst dann von selbst.

Gelobet sei der HERR!
Er legt uns auf eine Last,
er hilft uns aber auch!

Jesus ist Sieger

Mit Jesus geborgen in Gott. Er in uns, wir in ihm. Das ist unser Leben!

Sei stark in der von Skepsis erfüllten Welt und schäme dich deines Herrn nicht. Er ist der Herr aller Herren und gibt uns die Kraft und Gnade, hingegebene und begeisterte Kämpfer in seinen Reihen zu sein. Kämpfer auf den Sieg hin. Bis ER kommt. Er selbst ist unsere Stärke, jetzt und auch in der allerletzten Schlacht.

In dem allen überwinden wir weit durch den, der uns geliebt hat. Halleluja!

Jesus ist Sieger,
Jesus war Sieger,
Jesus wird Sieger sein.

Gott hat Jesus erhöht und hat ihm einen Namen gegeben, der über jeden Namen ist, daß in dem Namen Jesu sich beugen sollen aller derer Knie, die im Himmel und auf Erden und unter der Erde sind und alle Zungen bekennen sollen, daß Jesus Christus der Herr sei zur Ehre Gottes des Vaters.

Römer 8,37; Philipper 2

Die Zeichen der Zeit

Wir wissen jetzt viel mehr von den Zeichen der Zeit als früher, weil wir sie in den Zeitungen finden. Und es ist ein Gebot des Herrn, daß wir auf die Zeichen achten sollen.

Ich glaube, was über die Wiederkunft Jesu in der Bibel geschrieben steht. Alles, was über das erste Kommen Jesu in der Bibel steht, ist geschehen; so wird auch geschehen, was wir über die Wiederkunft Jesu lesen. Ich sage nicht, daß ich das alles verstehe – das brauchen wir auch gar nicht. Z.B. das Kapitel in Hesekiel 38, wo steht, daß ein mächtiges Heer auf Rossen heranziehen wird. In welchem Heer gibt es heutzutage noch eine Kavallerie!

In der Zeitung las ich aber, daß Rußland 70 Prozent aller Pferde der Welt für seine Armee aufgekauft hat.

Nun werfe ich das, was ich von der Bibel nicht verstehe, nicht etwa weg, sondern ich »hänge es an einen Haken«. Später lese oder höre ich mehr davon, und wenn ich etwas verstehe, nehme ich es wieder vom Haken herunter. Hesekiel 38 kam in diesem Fall vom Haken herunter.

Was Jesus in Matth. 24 und Lukas 21 selber gesagt, geschieht in unseren Tagen: Kriege und Aufruhr, Erdbeben, Hungersnöte, Verfolgung – alles in größeren Ausmaßen als je zuvor. Das deutlichste Zeichen der Zeit ist das Volk Israel, das wieder in sein Land zurückgekehrt ist. Und das mit seinen drei Millionen Menschen den Angriff einer Übermacht von 45 Millionen zurückgewiesen hat. Viele, die um den »Augapfel Gottes« bangten, erlebten diese erstaunlichen Tatsachen als ein sichtbares »Zeichen der Zeit«.

Wir wissen nicht den Tag oder die Stunde, da Jesus wiederkommen wird. Wir wissen aber auch nicht einen Tag oder eine Stunde, da er nicht kommen könnte. Die ganze Welt lebt jetzt in der einen großen Erwartung: Was geschieht, um die großen Probleme unserer Zeit zu lösen? Mit Recht haben die Menschen Angst vor dem

Daniel 12,4

großen Atomkrieg, vor der Zeit des Hungers, vor der »Pestilenz« des Krebses, vor der Gesetzlosigkeit der Rotten in den Straßen der großen Städte und vor der Kälte der erkalteten Herzen. Aber wer auf die Zeichen der Zeit achtet, wird auch sehen, daß viele zur Vernunft kommen werden, zur Erkenntnis der Lage und – zur Erkenntnis Gottes durch die, die ihn in Vollmacht der Kraft seines Heiligen Geistes verkündigen.

Unsere Zeit leidet an verkleinerten Vorstellungen von Gott. Es ist so, als sähen wir durch die verkehrte Seite eines Fernglases. Da erscheint unser Können unbegrenzt, und Gott ist fern und klein, für manchen schon nicht mehr zu erkennen.

Die erste Liebe

Nachdem ich achtzehn Jahre lang durch die Welt gereist war und wohl in tausend verschiedenen Betten geschlafen hatte, war mir ein Sabbatjahr verordnet worden, und dies war jetzt um. Connie, meine Mitarbeiterin, und ich legten die Weltkarte auf mein Bett, und dann machten wir einen Jahresplan. Wir wollten nicht diesen Plan machen und Gott dann um seine Unterschrift bitten. Wir haben eine andere Methode: Wir hören, was sein Plan ist, und dann schreiben wir unseren Namen darunter. Wir möchten verplant werden.

Es würde ein schönes Programm werden: Drei Monate in verschiedenen Ländern in Afrika, zwei Monate in Amerika, drei Monate in Osteuropa hinter dem Eisernen Vorhang. Aber mein Herz war dabei nicht froh.

Als ich wieder allein war, sagte ich zu meinem Herrn: »Ich will lieber hier bleiben, Herr. Es gibt viel Arbeit in Kampala und in Entebbe (die nächsten zwei Städte). Ich will viel für dich arbeiten, jeden Tag Versammlungen, Seelsorge, Bücher schreiben – aber laß mich jede Nacht in demselben Bett schlafen. Jedermann wird es verstehen, daß ich in meinem Alter (ich war damals 73 Jahre alt) das Bedürfnis habe, mich ein wenig zurückzuziehen.«

Nun wurde mein Herz froh. Ja, das war ein viel besserer Plan!

Da rief mich Connie zu einem Besucher. Es war ein afrikanischer Pfarrer aus Ruanda, ein feiner Christ.

Er begann sofort, mich willkommen zu heißen: »Wir sind so froh, daß Sie wieder nach Ruanda kommen. Vor fünf Jahren haben Sie uns so geholfen, als Sie uns erzählten, was der Herr für Sie in schweren Zeiten gewesen ist. Sie sagten: Nicht mein Glaube war schwach und wankend. Es war der Herr Jesus, der gesagt hat: Ich bin bei euch alle Tage. Er hat mich durchgetragen.« Er zitierte mich weiter: »Ich habe immer geglaubt, jetzt aber weiß ich aus Erfahrung, daß das Licht Jesu stärker ist als die stärkste Finsternis. Es ist gut, daß ich das sagen kann. Ihr könntet in schwere Zeiten kommen. Dann könntet ihr sagen: Ich habe nicht Corrie ten Booms Glauben! Ist es aber Jesus, dann könnt ihr vertrauen, daß derselbe Heiland, der Corrie ten Boom durchgetragen hat, auch euch durchtragen wird.«

Der Afrikaner sprach weiter: »Das alles war für mich wohl interessant, aber ich selber hatte noch nie in einem Gefängnis gesessen. Für viele von uns war es ein bißchen weit weg von unserer Erfahrung. In den vergangenen fünf Jahren aber hatten wir Bürgerkrieg. Viele von uns sind in Gefängnissen gewesen. Ich selber war zwei Jahre in Haft. Da haben wir uns an alles, was Sie gesagt haben, erinnert, es hat uns sehr getröstet. Darum sind wir so froh, daß Sie wieder nach Ruanda kommen.«

Ich selber war nicht froh. Dieses Gespräch ging in eine ganz andere Richtung, als ich es wünschte.

In solchen Fällen ist es immer klug, selber Fragen zu stellen. Auf diese Weise kann man die Richtung einer Unterhaltung bestimmen. Darum fragte ich:

»Wie sind die Gemeinden in Ruanda? Welche Botschaft hat man da nötig?«

Ohne einen Augenblick zu zögern, öffnete der Bruder seine Bibel und las: »Dem Engel der Gemeinde zu Ephesus schreibe: Der sagt, der da hält die sieben Sterne in seiner Rechten, der da wandelt mitten unter den sieben goldenen Leuchtern: Ich weiß deine Werke und deine Arbeit und deine Geduld und daß du die Bösen nicht ertragen kannst und daß du die erprobt hast, die sich Apostel nennen und es nicht sind und sie als Lügner erfunden hast. Und du hast Ausdauer und hast um meines Namens willen vieles ertragen und bist nicht müde geworden. Aber ich habe wider dich, daß du deine erste Liebe verlassen hast. So denke nun daran, wovon du abgefallen bist, und tue Buße und tue die früheren Werke. Sonst komme ich über dich und werde deinen Leuchter von deiner Stelle stoßen, wenn du nicht Buße tust.«

Dieser Pfeil traf mich mitten ins Herz!

Matthäus 28,20; Offenbarung 2

Nicht nur Ruanda, nicht nur die Gemeinde von Ephesus brauchte diese Botschaft – es war Corrie ten Boom, die diese Warnung bitter nötig hatte. Ich hatte meine erste Liebe aufgegeben. Vor achtzehn Jahren kam ich aus dem KZ – verhungert, schwach, aber in meinem Herzen war eine große Liebe, Liebe für den Herrn, der mich so treu hindurchgetragen hat; Liebe für die Menschen um mich; ein Verlangen, es ihnen zu sagen: Jesus ist eine Realität, er lebt, er siegt, ich weiß es aus Erfahrung!

Ich ging damals nach Deutschland und wohnte zwischen Ruinen. Ich war interessiert daran, Seelen für die Ewigkeit zu retten, die Ehre des Herrn großzumachen, daß jeder es hören mußte: Wir können nie zu tief fallen, immer reichen noch tiefer die ewigen Arme, die uns tragen.

Und jetzt war ich interessiert an meinem Bett.

Ich hatte meine erste Liebe verlassen.

»Wenn du nicht umkehrst!«

Da wurde ich plötzlich wieder froh. Ich sah: Die Tür zur Buße ist weit geöffnet. Ich konnte meine Sünde, mein kaltes Herz zu ihm bringen, der treu und gerecht ist. Ich tat es, ich bekannte und bat um Vergebung. Und da geschah, was immer geschieht, wenn wir in Jesu Namen eine Sünde zu Gott bringen: Er vergab. Jesus machte mein Herz rein in seinem Blut – und ein durch Jesu Blut gereinigtes Herz erfüllt er mit dem Heiligen Geist. Die Frucht des Geistes ist Liebe! Nicht meine erste Liebe, aber eine viel größere Liebe – Gottes Liebe, ausgegossen in mein Herz, durch den Heiligen Geist, der mir gegeben ist.

Ich bin weitergereist. Und welch eine Freude war es, Gottes Liebe zu erfahren, die mir Ströme lebendigen Wassers für die durstige Welt in Afrika, Amerika und Osteuropa gab.

1. Johannes 1,7.9; Römer 5,5

Die Möglichkeiten des Menschen sind in der Tat unbegrenzt, aber nur dann, wenn er den Verheißungen Gottes keine Grenzen setzt. Die Worte Jesu sind mit Ewigkeitskräften erfüllt und unerschütterlich fest. Und diese Worte Jesu besagen, daß er den Menschen ganz nah gekommen ist.

Der Herr selbst sagt uns durch den Propheten Jesaja: »Fürchte dich nicht, denn ich habe dich erlöst; ich habe dich bei deinem Namen gerufen, du bist mein.

Wenn du durch Wasser gehst – ich bin mit dir; wenn durch Ströme – sie werden dich nicht überfluten.

Wenn du durch Feuer schreitest, wirst du dich nicht brennen, und die Flamme wird dich nicht versengen.

Denn ich, der Herr, bin dein Gott. Ich, der Heilige in Israel, dein Retter!«

Die Gegenwart des Herrn ist unser großer Trost. Er hat uns zugesagt: »Ich bin bei euch alle Tage bis an der Welt Ende.«

Jesaja 43,1.2.3; Matthäus 28,20

Das Ergebnis des Lebens Christi, das in den Gläubigen ausgelebt wird, ist Sieg. Sieg – nicht Niederlage – ist Gottes Ziel für Seine Kinder.

Ganze Übergabe öffnet den Blick für den Sieg Jesu. Halbe Übergabe ist keine Übergabe. Wenn du dich dem Herrn Jesus nur halb weihst, wirst du niemals an den Punkt gelangen, wo dein Leben mit überfließender Freude gefüllt ist.

Die Zeit ist knapp

Tu nichts, was du nicht tun würdest, wenn Jesus kommt.

Geh nirgendwo hin, wo du nicht sein möchtest, wenn Jesus kommt.

Sag nichts, was du nicht sagen würdest, wenn Jesus kommt.

Wie steht es mit dir? Die Zeit ist knapp, und die Tage sind böse. Laßt uns die Zeit auskaufen. Laßt uns nicht unsere Energie zweitrangigen Dingen zuwenden, sondern laßt uns alles für das Königreich Gottes darangeben. Die Kommunisten opfern ihren Körper, ihre Seele, ihre Meinung, ihr Geld, ihre Zeit und ihre Familie, um die gottlose Philosophie von Karl Marx über die Welt zu streuen. Wir haben das wahre Wort des Lebens in unserer Hand, das köstliche Buch, die Bibel. Wir wissen, daß Jesus für die Sünden der ganzen Welt gestorben ist, und jetzt wird viel mehr noch: Er lebt für uns. Den Sieg und Gottes Ozean der Liebe in der ganzen Welt bekanntzumachen, ist eine hundertprozentig wertvolle Arbeit.

Sie siegten durch das Blut des Lammes

Auf meinen Reisen durch die Welt bin ich viele Male Leuten begegnet, die durch eine andere »Reisende in Sachen Gottes« sehr viel Segen empfangen haben: Marie Monsen aus Norwegen. Von Zeit zu Zeit wechselten wir Briefe. Sie schrieb:

Liebe . . . 6. 11. 60

Nur einen Schritt weiter, und ich bin daheim bei dem Herrn. Keine Schmerzen, Verstand klar. Aber das Herz will nicht mehr. Ich habe kein Verlangen nach Essen und brauche es auch nicht. Viele Jahre lang arbeitete ich an der Front für »die Verwundeten, die SOS der Familie«. Die letzten Jahre ein gewaltiger Kampf um Erweckung, und ich sehe die Zeichen kommen. Und jetzt ist die Arbeit vorbei. Ich dachte gestern abend, ich ginge schon heim. Alles ist für die Beerdigung bereitet. Jetzt sehe ich den Wert meiner Arbeit wie 000000, und ich stehe nun am Ufer des grenzenlosen Ozeans der Gnade. Genug für mich! Und Christus, der alle Tage bei mir war, hat mir eben versprochen, die letzte Strecke mit mir zu gehen – das Tal des Todes. Keine Angst, nur das Vertrauen eines Kindes. Halleluja, halleluja! Alles ist gut. Das Verdienst des Kreuzes, und des Vaters nie verlassende Fürsorge.

Liebe, Liebe. Auf Wiedersehen! Au Revoir! Marie

Dieser Brief war auf dem Sterbebett geschrieben. Ich glaube, sie war 80 Jahre alt.

»Gott aber sei Dank, der uns den Sieg gegeben hat durch unseren Herrn Jesus Christus!«

Es gibt nicht nur Engel in der Welt, sondern auch Teufel. Ich habe einmal folgende Legende gehört:

Der Oberteufel fragte: »Wer will auf die Erde gehen, um die Menschen zu verführen?«

Da meldeten sich drei tapfere Teufel, und der erste sagte: »Du mußt mich senden. Ich will den Menschen auf der Erde erzählen, daß es keinen Gott und keinen Teufel gibt. Und dann werden sie mir wohl glauben.«

Der zweite sagte: »Nein, du mußt mich senden. Ich will den Menschen erzählen, daß es mit dem Tod aus ist und daß es keinen Himmel und keine Hölle gibt.«

Und der dritte sagte: »Sende mich! Ich will den Menschen erzählen, daß es Gott und den Teufel gibt, daß es einen Himmel und eine Hölle gibt und daß es gar nicht aus ist mit dem Tod, aber daß es morgen noch nicht zu spät ist, um die Entscheidung für Jesus zu machen.«

Und diesen Teufel schickte er auf die Erde, denn niemand hätte geglaubt, was der erste und der zweite Teufel sagen wollte; aber dieser dritte . . .!

»Wenn ich zum Frevler sage: ›Du mußt sterben!‹ und du verwarnst ihn nicht und sagst nichts, den Frevler vor seinem frevlen Wandel zu warnen, um ihn am Leben zu erhalten, so wird jener Frevler um seiner Schuld willen sterben, sein Blut aber fordere ich von dir. Hast du aber den Frevler verwarnt, und er steht nicht ab von seinem Frevel und seinem Wandel, so wird jener Frevler um seiner Schuld willen sterben, du aber hast deine Seele gerettet.«

Setze kein Fragezeichen, wenn Gott einen Punkt setzt.

Hesekiel 3,18–19

Herrn Thompsons Himmelstraum

Herr Thompson war ein guter Christ. Aber er liebte die Juden nicht, und er unterstützte auch nicht die Versuche, Juden zu Christen zu führen.

Eines Abends träumte Herr Thompson, er sei gestorben. Als er hinaufstieg, dachte er mit tiefer Befriedigung daran, daß die Menschen unten traurig sein werden, weil er nicht mehr da war. Auf dem Weg in den Himmel hörte er auch noch einige der angenehmen Dinge, die man von ihm als Bürger, Vater und Mitglied der Kirche sprach, und er fand, daß er das Lob verdiente. Und dann kam er in den Himmel. Es war wunderschön, schöner als er es sich hatte vorstellen können. Aber nach einer kurzen Zeit dachte er, es fehle ihm etwas. Wo waren seine Sonntagsschulhelden: Josua, David,Elia und Petrus und Johannes? Und wo war sein geliebter Apostel Paulus? Wo war Jesus selber? Das beunruhigte ihn so, daß er mit einem Engel darüber sprach. Der antwortete:

»Wir haben Ihnen gerade in dem Teil des Himmels einen Platz gegeben, von dem wir dachten, daß es Ihnen da am besten gefiele. Alle die Männer, die Sie genannt haben, sind Juden, und weil Sie die Juden nie gemocht haben, dachten wir, Sie würden in diesem Teil des Himmels nie an ihre Anwesenheit erinnert werden.«

Darauf erwachte Herr Thompson, und zwar heilfroh (begreiflicherweise), daß er noch die Chance hatte, einige seiner ungeheilten Vorurteile zu korrigieren und mit anderen Augen das Volk anzuschauen, aus dem, der Verwandtschaft nach, Jesus kam und für das er so wie für Herrn Thompson gestorben war.

»Euch aber lasse der Herr wachsen und immer völliger werden in der Liebe untereinander und gegen jedermann, wie auch wir sie zu euch haben, daß eure Herzen gestärkt werden und unsträflich seien in der Heiligkeit vor Gott, unserem Vater.«

Wann wird das sein?

»Wenn unser Herr Jesus kommt, samt allen seinen Heiligen.«

Ja, das Beste kommt noch!

1. Thessalonicher 3,12.13

Wer überwindet

Wer überwindet, dem will ich zu essen geben von dem Baum des Lebens, der im Paradiese Gottes ist. Dem soll kein Leid geschehen von dem zweiten Tod.

Wer überwindet, dem will ich zu essen geben von dem verborgenen Manna und will ihm geben einen weißen Stein, darauf steht ein neuer Name geschrieben, den niemand kennt, als der ihn empfängt.

Wer überwindet und hält meine Werke bis ans Ende, dem will ich Macht geben über die Nationen.

Wer überwindet, der soll mit weißen Kleidern angetan werden, und ich werde seinen Namen nicht austilgen aus dem Buch des Lebens. Ich will seinen Namen bekennen vor meinem Vater und vor seinen Engeln. . . . den will ich machen zum Pfeiler in dem Tempel meines Gottes, und er soll nicht mehr hinausgehen. Und ich will auf ihn schreiben den Namen meines Gottes und den Namen des neuen Jerusalems, der Stadt meines Gottes.

. . . dem will ich geben, mit mir auf meinem Thron zu sitzen, wie ich überwunden habe und mich gesetzt mit meinem Vater auf seinen Thron.

Offenbarung 2,7.11.17.26; 3,5.12.21

Ein Gespräch im Taxi

Ich fuhr vor einiger Zeit in Australien in einem Taxi. Wir mußten ziemlich weit fahren, und so hatte ich ein Gespräch mit dem Chauffeur. Ich fragte ihn, ob er schon seine Entscheidung für Jesus getroffen habe.

Er sagte: »Nein, das habe ich nicht.«

»Aber Mann«, sagte ich, »dann mußt du das tun«, und öffnete meine Bibel und las diesen Text, der es so klar macht, wo Jesus sagt: »Siehe, ich stehe vor deiner Tür (vor deinem Herzen) und klopfte an. Wenn jemand meine Stimme hört und die Tür öffnet, dann komme ich herein.«

Ich fragte: »Was denkst du – wenn ich dich besuche, und ich klopfe bei euch an und du öffnest mir die Tür – was tue ich dann?«

»Dann kommen Sie herein.«

»Ja, natürlich. Und was tut Jesus, wenn du die Tür deines Herzens öffnest? Das ist eine Gelegenheit, und wenn du sie das nächste Mal ausschlägst, kann es zu spät sein.«

»Das erste Mal war es vor zwanzig Jahren, und niemand hat mir in diesen zwanzig Jahren von Jesus erzählt, und Sie haben es so klar gemacht, daß ich es ganz deutlich sehe, was ich tun muß.«

»Mann dann halt an!«

»Warum?«

»Vielleicht ist dies das letzte Mal, daß du deine Entscheidung machen kannst.«

»Ja«, sagte er, »das ist wahr.« Und dann hat er gesagt: »Ja, Herr Jesus, ich will dich nicht noch einmal draußen stehen lassen.«

Und der Herr Jesus ist in sein Herz gekommen, und im Himmel hoffe ich ihn zu sehen.

Offenbarung 3,20

Jedermann kann bereit sein für den Tod und für Jesu Wiederkommen. Du fragst, was du tun sollst?

Fälle eine klare Entscheidung für Jesus, nimm ihn als Erlöser und Herrn an!

Dann: Bring alle Sünde zu ihm und bekehre dich in seiner Kraft von der Sünde. Der Herr wird dein Herz mit seinem Blut reinigen. Und ein von Jesu Blut gereinigtes Herz will er füllen mit seinem Heiligen Geist.

Der Heilige Geist gibt denen Frucht und die Gaben des Geistes, die sich für Jesus Kommen bereit machen.

»Der wird euch festhalten bis ans Ende, daß ihr unsträflich seid am Tag unseres Herrn Jesus Christus.«

Ja, er selber macht uns bereit für sein Kommen, Halleluja!

Paulus sagt: »Ich weiß an wen ich glaube, und bin gewiß, er kann mir bewahren, was mir anvertraut ist, bis an jenen Tag.«

»Herr, lehre uns bedenken, daß wir sterben müssen, auf daß wir klug werden.«

Johannes 1,12; 1. Johannes 1,7–9; Galater 5,22; 1. Korinther 1,8; 2. Timotheus 1,12; Psalm 90,12

Alle, die auf das Wiederkommen Jesu warten, werden von Gott mitten in den Kampf geworfen, weil sie die Aufgabe haben, Tröster und Priester zu sein.

Bist du ganz Ohr, wenn Gott spricht?

Stark, um andere zu stärken

Bischof Dzao von China sagte auf dem Evangelisten-Kongreß in Berlin 1966:

»China macht eine schwere Zeit durch, so, wie sie wahrscheinlich über die ganze Welt kommen wird. Die Bibel spricht von einer Zeit, in der niemand kaufen oder verkaufen kann, ohne das Zeichen des Anti-Christen zu tragen.«

Dieser Bischof hat bekannt, daß seine Kirche die Christen nicht vorbereitet hat für die schweren Prüfungen, in denen China jetzt liegt.

»Wir haben ihnen alles gegeben, was wir konnten – das Evangelium, Kirchengebäude, ja Kleider und Nahrung, wo Armut war. Aber eines haben wir vergessen: Wir haben sie nicht gelehrt, wie sie das Evangelium an andere weitergeben sollen. Jetzt sind alle Pfarrer und Bischöfe weg. Die Kirche besteht praktisch nicht mehr. Eine kleine unsichtbare Kirche wirkt weiter, aber wie wenige Christen waren stark genug, um andere zu stärken!«

Bischof Dzao forderte uns auf, diese besondere Aufgabe zu sehen: Kinder Gottes für die Zeit des kommenden Kampfes bereit und stark zu machen.

Können schwache Menschen sich für einen solchen Weltkampf bereitmachen?

Ja, ich meine es, und zwar jedermann! Der Herr hat alles gegeben, was wir für die Endzeit brauchen:

»Ihr werdet die Kraft des Heiligen Geistes empfangen, welcher auf euch kommen wird, und werdet meine Zeugen sein (zu Jerusalem und in ganz Judäa und Samarien und) bis an das Ende der Erde.«

Dies war eine Verheißung für damals, für die junge Kirche Jesu Christi. Aber sie hat nie ihre Kraft verloren.

Die Kraft ist da, denn der Heilige Geist ist da. Und er verlangt danach, unsere Herzen zu erfüllen, wie das Licht ein Zimmer erfüllt, das für seinen Glanz geöffnet ist.

Werdet voll Geistes! Gebt dem Heiligen Geist Raum! Das heißt: Hingabe.

Apostelgeschichte 1,8

Rebellen und die Engel

In einem afrikanischen Dorf hatten die Aufständischen einen Überfall auf ein Internat vor, in dem 200 Missionarskinder lebten. Die Kinder und ihre Lehrer sollten getötet werden. Sie alle wußten von der Gefahr und waren zusammengekommen, um zu beten. Ihr »Schutz« bestand in einem Bambuszaun und einer Handvoll Soldaten. Die heranrückenden Rebellen waren eine Gruppe von ein paar hundert Mann. Als sie unmittelbar vor der Schule waren und sie umringt hatten, geschah etwas Sonderbares: Sie kehrten um und verschwanden.

Am nächsten Tag kamen sie wieder, und auch am dritten Tage. Aber keiner tastete die Schule an.

Einer von den Rebellen wurde als Verwundeter in das Missionshopsital der gleichen Station gebracht. Als der Arzt seine Wunden behandelte, fragte er: »Warum seid ihr nicht in die Schule gekommen? Warum habt ihr euren Überfall nicht ausgeführt?«

»Wir fühlten uns nicht stark genug. Das merkten wir erst, als wir vor der Schule standen. Wir wußten nicht, daß so viele Soldaten dort stationiert waren – die vielen mit den weißen Uniformen.«

In Afrika haben Soldaten nie weiße Uniformen. Es müssen Engel gewesen sein.

So hat der Herr den Feinden die Augen geöffnet, daß sie Engel sehen konnten. Wir Kinder Gottes brauchen sie mit unseren leiblichen Augen nicht zu sehen. Wir schauen die unsichtbaren Dinge mit unserem Glauben.

Wir müssen unser Leben für Ihn verlieren, dann werden wir es behalten.

Jesus will unseren ganzen Einsatz. Dann gibt Er uns ein Leben im Überfluß.

Ein Kompromiß macht einen Christen unfruchtbar und unglücklich. Dann ist man wie ein Seiltänzer, immer balancierend zwischen Hoffnung und Furcht. Bei völliger Hingabe sind wir wie einer, der auf der Rolltreppe steht. Entspannt an Jesu Seite geht es immer höher hinauf.

Matthäus 10,39; Lukas 6,38

Die Bibel fordert auf . . .

zur Wachsamkeit (Matth. 24,42; Offbg. 16,15)
zur Nüchternheit (1. Thess. 5,2–6)
zur Buße (Apostelgesch. 3,29; Offbg. 3,3)
zur Treue (Matth. 25,19–21; Luk. 19,12–13)
dazu sich nicht zu schämen (Mark. 8,38)
warnt vor Weltliebe (Matth. 16,26–27)
führt zur Bescheidenheit (Phil. 4,5)
zur Geduld (Joh. 5,7–8)
zur Demut (Kol. 3,3–5)
zur Aufrichtigkeit (Phil. 1,9–10)
zur Heiligung (1. Thess. 5,23)
zur Treue im Amt (2. Tim. 4,1–2)
zu aktivem Gemeindedienst (1. Petr. 5,2–4)
zur Reinheit (1. Joh. 3,2–3)
zur Ausdauer (1. Joh. 2,28)
zum Ertragen der Versuchung (1. Petr. 4,1)
zum heiligen Reden (2. Petr. 3,11–13)
zur brüderlichen Liebe (1. Thess. 3,12–13)
zum Aufschauen auf Ihn (Hebr. 9,27–28)
zum Entsagen den weltlichen Begierden
zur Scheidung von Sünde (Titus 2,11–13)
dazu, nicht schnell zu richten (1. Kor. 4,5)
zum Trost (1. Thess. 4,14–18)
zum Verkündigen Seines Kommens
beim Mahl des Herrn (1. Kor. 11,26).

. . . und sagt voraus:

Daß »Seine« Heiligen mit »Ihm« kommen werden (1. Thess. 3,13).
Daß alle Augen »Ihn« sehen werden (Offbg. 1,7).
Daß »Er« den Antichristen umbringen wird (2. Thess. 2,8).
Daß »Er« auf Seinem Throne sitzen wird (Matth. 25,31; Offbg. 5,13).
Daß alle Völker vor »Ihm« versammelt werden und Er sie richten wird (Matth. 25,32).
Er wird den Thron Davids einnehmen (Jes. 96,7; Luk. 1,32); welcher auf Erden sein wird (Jer. 23,5–6).
Er wird ein Königreich haben (Dan. 7,13–14); und mit Seinen Heiligen regieren (Dan. 7,18.22.27; Offbg. 5,10).
Dann werden alle Könige und Völker Ihm dienen (Ps. 72,11).
Das Königreich der Welt wird sein Königreich sein (Sach. 9,10; Offbg. 11,15).
Daß die Völker Ihm anhängen werden (Gen. 49,10); und alle Knie sich beugen werden vor Ihm (Jes. 45,23).
Daß sie kommen werden, um den König anzubeten (Sach. 14,16).
Daß der Herr Zion baut (Psalm 102,17); und Sein Thron wird in Jerusalem sein (Jer. 3,17); und die Apostel werden auf 12 Thronen sitzen und die 12 Stämme Israels richten (Matth. 19,28); und die Herrlichkeit des Herrn wird offenbart werden (Jes. 11.10).

Das Endziel

Auf meinen Reisen in den Fernen Osten sagte mir der Herr in Formosa deutlich, daß ich in verschiedenen Ländern arbeiten müßte; ich mußte mir auch schon die Flugkarte lösen. Ich hatte aber das Geld nicht. Nun ist der Herr nicht nur mein Hirt, sondern auch mein Schatzmeister, und er ist ein reicher Schatzmeister. Es kommt aber vor, daß er meinen Glauben prüft. Wenn ich ihm dann gehorsam bin, kommt das Geld zur rechten Zeit. Er hat das Vieh auf tausend Bergen, und wenn ich Geld brauche, dann sage ich: »Vater, ich denke, du mußt von dem Vieh auf einem deiner tausend Berge eine Kuh verkaufen.« Und er tut es. So ging ich zum Verkehrsbüro und sagte zu dem Fräulein:

»Wollen Sie bitte notieren, für welche Route ich Tickets brauche: Erst nach Hongkong, dann Sydney in Australien, Auckland/Neuseeland, zurück nach Sydney/Australien, dann Kapstadt/Südafrika, dann nach Tel Aviv/Israel, Amsterdam/Holland.«

Sie schrieb alles auf und fragte dann:

»Was ist Ihr Endziel?«

»Der Himmel.«

»Ja, wie schreibt man das?«

Ich buchstabierte »H-I-M-M-E-L«.

Als sie es aufgeschrieben hatte, verstand sie und antwortete: »Das meine ich nicht.«

»Aber ich meine es. Sie brauchen es jedoch nicht aufzuschreiben. Ich habe meine Karte schon.«

»Wieso?«

»Vor etwa 2000 Jahren hat einer meine Karte für den Himmel gelöst, und ich brauchte sie von ihm nur anzunehmen. Das war Jesus, als er am Kreuz meine Sünde trug und mir so den Weg zum Himmel frei machte.«

Psalm 50,10

Da kam ein Formose vorbei, der auch im Büro arbeitete, und sagte: »Ja, das ist wahr.«

Ich fragte ihn: »Ist Ihr Platz im Himmel auch schon reserviert?«

Er antwortete: »Ja. Ich habe Jesus als meinen Heiland und Herrn gefunden. Ich habe ihn angenommen, und er hat mich zu einem Kind Gottes gemacht. Und als Kind Gottes habe ich einen Platz im Himmel, im Hause des Vaters.«

»Bruder«, sagte ich, »wollen Sie dafür sorgen, daß dieses Fräulein mit ihrer Platzkartenbestellung für den Himmel nicht zu spät kommt?«

»Fräulein«, wandte ich mich wieder an sie, »wenn man in einem Flugzeug keinen Platz reserviert hat, kommt man in große Schwierigkeiten. Hat man aber keinen Platz im Himmel, dann werden die Schwierigkeiten unüberwindbar groß. – Bruder, du mußt dafür sorgen, daß sie nicht zu spät kommt.«

Als ich meine Flugkarte in Empfang nahm, hatte der Herr mir gerade alles Geld gegeben, das ich brauchte, um sie zu bezahlen. Mit Dankbarkeit sah ich auf das Büchlein voll Fahrkarten: Sydney, Auckland, Sydney – aber dann sah ich, daß nicht Kapstadt folgte, sondern Tel Aviv und nach Tel Aviv erst Kapstadt – Amsterdam. Ich ging ans Telefon und fragte das Fräulein vom Verkehrsbüro: »Warum haben sie meinen Reiseplan geändert? Mein Chef hat mir gesagt, daß ich erst nach Kapstadt und dann nach Tel Aviv gehen muß. Nun haben Sie das geändert. Erst Tel Aviv, dann Kapstadt. Mein Chef ist Gott selbst, und ich muß ihm gehorchen.«

»Aber das ist unmöglich«, sagte das Fräulein. »Es gibt keine direkte Route von Australien nach Afrika. Es gibt keine Insel für Zwischenlandungen. Sie müssen erst nach Tel Aviv.«

»Das geht nicht. Ich muß meinem Chef gehorchen. Vielleicht muß ich dann um eine Insel im indischen Ozean beten. Aber meine Reiseroute muß so bleiben, wie er gesagt hat.«

Johannes 1,12

Nach einer Stunde rief das Fräulein an.

»Haben Sie um eine Insel im Indischen Ozean gebetet?«

»Warum?«

»Gerade eben habe ich ein Telegramm von QANTUS bekommen, einer australischen Fluglinie. Sie haben die Kokosinsel gekauft, und jetzt gibt es eine direkte Reisemöglichkeit von Australien nach Afrika über die Kokosinsel und die Insel Mauritius.«

»Nun, Fräulein, jetzt sehen Sie, daß Gott in seiner Führung keine Fehler macht.«

Ja, es ist nichts zu groß für Gottes Allmacht, nichts zu klein für Seine Liebe.

Ein überreiches Maß von Kraft steht uns zur Verfügung. Aber wie nötig ist sie auch! Darum laßt uns so reich leben, wie wir sind! Dieser Reichtum ist von äußeren Umständen unabhängig. Es ist gut, das zu wissen, denn während des Endkampfes werden die äußeren Umstände schwer sein, und dennoch sollen wir nie Mangel haben.

»Um der Auserwählten willen werden diese Tage verkürzt.«

Meine Hand auf seiner Hand

William Nagenda hat uns ein gutes Beispiel davon gegeben, was völlige Hingabe heißt: Er erzählte, daß er einmal von einer Reise nach Hause kam. Da war sein kleiner Junge, Christopher, drei Jahre alt, am Bahnhof.

»Papa, ich will deinen Koffer tragen«, sagte er.

William wollte ihn nicht enttäuschen und sagte: »Das ist gut, leg deine Hand auf meine Hand«, und so gingen sie zusammen, der kleine Junge mit seinen kleinen schwachen Händchen auf der starken Hand seines Vaters.

Als sie nach Hause kamen, sagte Christopher: »Mutti, ich habe Papas Koffer getragen.«

So ist es mit unserem Selbstreinigen, mit unserem Bereitmachen für Jesu Wiederkunft. Unsere Hände sind zu schwach. Aber wenn wir unsere schwache Hand auf die starke Hand Jesu legen, dann macht Er uns bereit. Vergiß nicht: Der in dir das gute Werk angefangen hat – der wird es auch vollenden bis auf den Tag Jesu Christi.

1. Johannes 3,3; Phil. 1,6

Wir werden nicht so dumm sein und wie der kleine Christopher sagen: »Ich habe den Koffer getragen.« Wir werden dem Herrn die Ehre geben. Aber es kommt doch ganz darauf an, daß wir, wenn wir Jesus von Angesicht zu Angesicht schauen werden, als Unsträfliche vor Ihm stehen und nicht als Sträfliche. Je nachdem werden wir Ihn als Richter oder als Erlöser sehen, als Heiland: »der wird euch fest erhalten bis ans Ende, daß ihr unsträflich seid auf den Tag unseres Herrn Jesu Christi.«

Legst du deine schwache Hand auf die starke Hand deines Heilandes? Denkst du daran, daß Jesus dich bewahren kann? Paulus sagt: »Ich weiß, an wen ich glaube, und ich bin gewiß, er kann mir bewahren, was mir anvertraut ist, bis zu jenem Tag.«

»Ich komme bald«, sagt Jesus.
»Komm, Herr Jesus!« sagt die Gemeinde.

1. Korinther 1,8; 2. Timotheus 1,12; Offenbarung 3,11; 22,7.20

Er ist unsere Heiligung

Jesus Christus wird dich tiefer und tiefer heiligen, bis Jesus dein alles ist. Er stellt uns nicht auf einmal auf die Spitze des Berges, sondern es ist ein ständiges aufwärts und aufwärts gehen. Heiligung hat niemals eine Grenze erreicht, genauso wenig wie eine Ehe mit der Trauerzeremonie aufhört. Es ist ein Prozeß täglich neuer Hingabe, täglicher Übung im Glauben und im Gehorsam.

Wird unsere Heiligung je bestätigt?
Ja. Das wissen wir vom 1. Thessalonicherbrief (3,13).

Wo? – vor Gott.

Wann? – wenn Jesus wiederkommt.

Mit wem? – mit allen Heiligen.

Wer sich Gott nicht zur Verfügung stellt, kann auch nicht geheiligt werden.

Ein ungeheiligter Christ steht außerhalb des Willens Gottes. Er ist eine Last und Bürde für Gott.

Der Vater will sein Kind geheiligt sehen.

Du bist nicht verantwortlich für das, was du bist, sondern worin du stehen bleibst. Der Fall ins Wasser läßt dich nicht ertrinken, aber wenn du im Wasser bleibst, wirst du ertrinken.

Was Gott nimmt, reinigt er.

Was Gott reinigt, füllt er.

Was er füllt, das gebraucht er.

Der Töpfer kann nichts mit dem Klumpen Lehm anfangen, bevor er ihn nicht vollkommen in der Hand hat.

Letzten Endes ist jeder Christ ein Bürger des Himmels, und unser Blick geht über diese Welt hinaus zu der hoffnungsvollen Erwartung der Wiederkunft unseres Retters Jesus Christus.

Bist du bereit?

Bereit, Kummer und Schmerz zu erleiden
Bereit, Prüfungen standzuhalten
Bereit, zu Hause zu bleiben und andere hinausgehen zu lassen, wenn Er sie für besser hält
Bereit hinauszugehen
Bereit hierzubleiben
Bereit, meinen Platz auszufüllen
Bereit zum niedrigen oder großen Dienst.
Bereit für Seinen Willen
Bereit zu tragen
Bereit, zu beten und wachsam zu sein
Bereit, abseits zu stehen und zu warten bis Er den Weg klar zeigt
Bereit zu sprechen
Bereit zu denken
Bereit mit Herz und Verstand
Bereit, dort zu stehen, wo Er es für passend hält
Bereit, Anspannungen zu ertragen
Bereit zu warnen
Bereit für das Verlangen, Seelen zu retten
Bereit im Leben
Bereit im Sterben
Bereit für Seine Wiederkunft
Bist du bereit?

Es ist ein großer Trost zu wissen, daß Gott seinen Kindern seinen Plan mit dieser Welt gezeigt hat. Und es ist ein großer Trost, diesen Plan zu kennen.

Der Herr hat keine Probleme. Er hat Pläne! Darum gibt es im Himmel nie eine Panik. Und auf der Erde sind wir zu einer lebendigen Hoffnung berufen.

»Ich bitte, daß der Herr unseres Herrn Jesus Christus, der Vater der Herrlichkeit, euch den Geist der Weisheit und der Offenbarung geben möge, ihn recht zu erkennen. Er möge eure inneren Augen erleuchten, damit ihr erfassen könnt, zu welcher lebendigen Hoffnung ihr berufen seid und wie groß der Reichtum seines herrlichen Erbes ist, das Gott seinen Heiligen in Aussicht stellt, und welch ein überreiches Maß von Kraft er uns Gläubigen schenkt.«

Epheser 1,15–20

Die wichtigste Arbeit

Steht nichts zwischen dir und deinem Nächsten? Ich glaube, daß heute die hundertprozentig wichtigste Arbeit die ist, das Königreich Gottes zu bauen und Seelen für Christus zu gewinnen, solange noch Gnadenzeit ist.

Jesus Christus sagt zu uns: »Wie mein Vater mich sandte, so sende ich euch.«

Warum sandte Gott Jesus? Zu suchen und selig zu machen das Verlorene.

Warum sendet Jesus uns? Zu suchen und zu retten das Verlorene.

Viele Kommunisten haben eine deutliche Sprache!

Viele Christen sind mundfaul!

Sie sind wie der St. Lawrence-Fluß in Kanada, dessen Mündung dreiviertel des Jahres zugefroren ist.

Johannes 20,21

Wenn jemand dürstet . . .

»Am letzten aber, dem großen Tag des Festes, stand Jesus und rief: Wenn jemand dürstet, komme er zu mir und trinke! Wer an mich glaubt, aus dessen Leibe werden, wie die Schrift gesagt hat, Ströme lebendigen Wassers fließen.«

Beachte die Reihenfolge:

dürsten,
trinken,
überfließen.

Das ist der normale geistliche Verlauf. Wir hungern und dürsten nach Segen; wir kommen zu Christus, und er stillt Hunger und Durst; und haben sofort, ob wir es feststellen oder nicht, Überfluß für andere. Und es ist dieser Überfluß, der zählt – überfließendes Gebet, das über unseren eigenen Kreis hinausgeht; überfließende Liebe, überfließender Glaube, überfließendes Geben, überfließender Dienst. Der Überfluß tut es. Deshalb brauchen wir durstige Christen, denn mit ihnen fängt alles an. Bist du durstig auf Segen?

Johannes 7,37–39

Wenn Jesus heute käme . . .

Es ist nützlich, prophetische Bücher zu lesen, es ist aber weit wertvoller, das Buch der Bücher, die Bibel, zu lesen.

Unser Feind, der Teufel, fürchtet sich vor Menschen, die vorwärts schauen und wirklich auf das zweite Kommen unseres Herrn Jesu warten. Er weiß, daß wir dann die Dinge dieser Welt im rechten Verhältnis sehen. Einer seiner größten Siege ist es, daß er es fertig brachte, das zweite Kommen Jesu zu einer Streitfrage zu machen. Aber wie unwichtig ist es, ein Pre-Millenianist, ein Mid-Millenianist oder ein Post-Millenianist zu sein!

Viel wichtiger ist die Frage: Wie wird Jesus dich finden, wenn er heute kommt? Wir wissen nicht Tag und Stunde seines Kommens, aber wir wissen auch nicht einen Tag und eine Stunde, da er nicht kommen kann. Wenn Jesus heute käme, wie würde er dich vorfinden? Steht nichts zwischen dir und Gott?

Jesus spricht: Siehe, ich mache alles neu!

Denn Gott hat uns wissen lassen das Geheimnis seines Willens nach seinem Ratschluß, den er sich in Christus vorgesetzt hatte, damit er ausgeführt würde, wenn die Zeit erfüllt wäre: daß alle Dinge zusammengefaßt würden in Christus, beides, was im Himmel und was auf der Erde ist.

Erich Sauer sagte: »Hört ihr nicht die Schritte des kommenden Königs?«

Der Herr ist nahe!

Offenbarung 21,5; Epheser 1,9; 22,11

Das Beste kommt noch

Die Verheißungen in der Schrift, welche von dem ersten Kommen zeugen, sind buchstäblich erfüllt.

Von dem ersten Kommen lesen wir:

Jes. 7,14; Micha 5,2; Jer. 31,15; Hos. 11,1; Jes. 11,2; Sach. 9,9; Sach. 13,7; 11,12.13; Jes 50,6; Exodus 12,46; Psalm 34,20; Psalm 69,21; Psalm 23; Jes. 53.

Von dem zweiten Kommen des Herrn lesen wir:

Daß Er selbst kommen wird (1. Thess. 4,16; Apg. 1,11).

Daß eine Posaune erschallen wird (1. Thess 4,16).

Daß die Toten Seine Stimme hören werden (Joh. 5,28).

Daß die auferstandenen und verwandelten Gläubigen entrückt werden mit Ihm in die Luft (1. Thess. 4,17).

Daß »Er« sie zu sich nehmen wird (Joh. 14,3).

Daß »Er« selbst ihnen dienen wird (Luk. 12,37).

Daß Er auf demselben Ölberg erscheinen wird, von dem Er auch gen Himmel gefahren ist (Sach. 14,4);

in einer Feuerflamme (2. Thess. 1,8);

in den Wolken des Himmels mit Kraft und großer Herrlichkeit (Matth. 24,30);

und auf der Erde stehen wird (Hiob 19,25).

Es gibt zwei Arten von wichtigen Leuten in dieser Zeit: die völlig hingegebenen Kinder Gottes und die völlig hingegebenen Atheisten.

Jeder Christ ist berufen zum Kampf. Du kannst dich entscheiden, ob du ein guter, ein mittelmäßiger oder ein schlechter Kämpfer sein willst.

Wer sich völlig Jesus Christus hingibt, aus dem macht er einen vom Geist Gottes beherrschten Streiter. Er kämpft auf den Sieg hin, bis Jesus kommt. Er steht dem Feind gegenüber, stark, fest und schämt sich seines Königs nicht. Das macht der Heilige Geist. Er gibt uns einen Blick in die Zukunft des Reiches Gottes: Gott hat Jesus erhöht und hat ihm einen Namen gegeben, der über alle Namen ist, daß in dem Namen Jesus sich beugen sollen alle derer Knie, die im Himmel und auf Erden und unter der Erde sind und alle Zungen bekennen sollen, daß Jesus Christus der Herr ist, zur Ehre Gottes, des Vaters.

Das ist die entscheidende Frage: Ob wir vor ihm als dem Richter knien oder vor ihm als unserem Heiland.

Der Heilige Geist will uns bereitmachen: Der in euch angefangen hat das gute Werk, der wird es auch vollenden bis an den Tag Jesu Christi.

Philipper 2,9; 1,6